大眾心理館

心靈成長 7

鄭石岩作品集

國家圖書館預行編目（CIP）資料

打造美好人生：明智的思維，創意的視野／鄭石岩著. -- 二版. -- 臺北市：遠流, 2010.12
面；　公分. --（大眾心理館）（鄭石岩作品集. 心靈成長；7）

ISBN　978-957-32-6898-7（平裝）

1.修身　2.生活指導

192.1　　　　　　　　　　　100023161

大眾心理館

鄭石岩作品集　心靈成長 7

打造美好人生

明智的思維，創意的視野

作者：鄭石岩
執行主編：林淑慎
特約編輯：趙曼如
發行人：王榮文
出版發行：遠流出版事業股份有限公司
100 臺北市南昌路二段 81 號 6 樓
郵撥：0189456-1
電話：2392-6899　傳真：2392-6658
法律顧問：董安丹律師
著作權顧問：蕭雄淋律師
2011 年 12 月 1 日　二版一刷
行政院新聞局局版臺業字第 1295 號
售價新台幣 240 元（缺頁或破損的書，請寄回更換）

ISBN　978-957-32-6898-7
遠流博識網 http://www.ylib.com
E-mail: ylib@ylib.com

打造美好人生

明智的思維，創意的視野

鄭石岩／著

總序

我的創作歷程

鄭石岩

寫作是我生涯中的一個枝椏，隨緣長出的根芽，卻開出許多花朵，結成一串纍纍的果子。

我寫作的著眼點，是想透過理論與實務的結合，闡釋現代人生活適應之道，提倡正確的教育觀念和方法，幫助每個人心智成長。透過東西文化的融合，尋找美好人生的線索。我細心的觀察、體驗和研究，繼而流露於筆端，寫出這些作品。書中有隨緣觀察的心得，有實務經驗的發現，有理論的引用，也有對現實生活的回應。在忙碌的工作和生活中，我採取細水長流，每天做一點，積少成多。

從第一本作品出版到現在，已經寫了四十幾本書。這些書都與禪佛學、教育、親職、心靈、諮商與輔導有關。寫作題材從艱深的禪學、唯識及心靈課題，到日常生活的調適和心智成長，都保持深入淺出、人人能懂的風格。艱澀冗長的理論不易被理解，特化作活潑實用的知識，使讀者在閱讀時，容易共鳴、領會、受用。因此，這些書都有不錯的評價和讀者的喜愛。

每當演講或學術討論會後，或在機場、車站等公共場所時，總是有讀者朋友向我招呼，表達受惠於這些著作。他們告訴我「你的書陪伴我度過人生最困難的歲月」，或說「我是讀你的書長大茁壯的」。身為一個作者，最大的感動和安慰，就在這些真誠的回應上：歡喜看到這些書在國內外及中國大陸，對現代人心靈生活的提升，發揮了影響力。

多年來持續寫作的心願，是為研究、發現及傳遞現代人生活與工作適應的知識和智慧。所以當遠流規劃在【大眾心理館】裡開闢【鄭石岩作品集】，期望能更有效服務讀者的需要，並囑我寫序時，心中真有無比的喜悅。

我在三十九歲之前，從來沒有想過要筆耕寫作。除了學術論文發表之外，沒想過要從事創作。一九八三年的一場登山意外，不慎跌落山谷，脊椎嚴重受創，下半身麻痺，面臨殘障不良於行的危機。那時病假治傷，不能上班，不多久，情緒掉到谷底，憂鬱沮喪化作滿面愁容。

秀真一直非常耐心地陪伴我，聽我傾訴憂慮和不安。有一天傍晚，她以佛門同修的立場警惕我說：「先生！你學的是心理諮商，從小就修持佛法；你懂得如何助人，也常常在各地演講。現在自己碰到難題，卻用不出來。看來你能講給別人聽，自己卻不受用。」

我聽完她的警語，心中有些慚愧，也有些省悟。我默然沉思良久。我知道必須接納現實，去面對眼前的困境。當晚九時許，我對秀真說：「我已了然於心，即使未來不良於行，也要坐在輪椅上，繼續我的教育和弘化工作，活得開心，活得有意義才行。」

她好奇的問道：「那就太好了！你準備怎麼做呢？」

我堅定的回答：「我決心寫作，就從現在開始。請你為我取下參閱的書籍，準備需要的紙筆，以及一塊家裡現成的棋盤作墊板。」

當天短短的對話，卻從無助絕望的困境，看到新的意義和希望。我期許自己，把東方的禪佛學和西方的心理學結合起來，變成生活的智慧；鼓勵自己，把學過的理論和累積的實務經驗融合在一起，成為活潑實用的生活新知，分享給廣大的讀者。

邊研究邊寫作，邊修持邊療傷，健康慢慢有了轉機，能回復上班工作。歷經兩年的煎熬，傷勢大部分康復，寫作卻成為業餘的愛好。從一九八五年出版第一本書開始，所有著作都經秀真校對，並給予許多建議和指教。有她的支持，一起分享作品的內容，而使寫作變得更有趣。

住院治療期間，老友王榮文先生，遠流出版公司的董事長，到醫院探視。我送給他一本佛學的演講稿，本意是希望他也能學佛，沒想到過了幾天，他卻到醫院告訴我：「我要出版這本書。」

我驚訝地說：「那是佛學講義，你把講義當書來出，屆時賣不出去，你會虧本的。這樣我心不安，不行的。」

他說：「那麼就請你把它寫成大家喜歡讀的書，反正我要出版。」

就這樣允諾稿約，經過修改增補，《清心與自在》於焉出版，而且很快暢銷起來。因為那是第一本融合佛學與心理學的創作，受到好評殊多。爾後的每一本書，都針對一個現實的主題，紮根在心理、佛學和教育的學術領域，活化應用於現實生活。

禪佛學自一九八五年開始，在學術界和企業界，逐漸蔚成風氣，形成管理心理學的一部分，企業界更提倡禪式管理、禪的個人修持，都與這一系列的書籍出版有關。

後來我將關注焦點轉移到教育和親職，相關作品提醒為師為親者應注意到心理健康、學生輔導、情緒教育等，對教育界也產生廣泛的影響。教師的愛被視為是一種能力，親職技巧受到更多重視，我的書符合了大家的需要，並受到肯定，例如《覺．教導的智慧》一書就獲頒行政院新聞局金鼎獎。

在實務工作中，我發現心靈成長和勵志的知識，對每一個人都非常重要。於是我著手寫了好幾本這方面的作品，許多家長把這些書帶進家庭，促進親子間的和諧，並幫助年輕人心智成長；許多大學生和初踏進社會的新鮮人，都是這些書的讀者。許多民間團體和讀書會，也推薦閱讀這些作品。

唯識學是佛學中的心理學，我發現它是華人社會中很好的諮商心理學。不過原典艱澀難懂，於是我著手整理和解釋，融會心理學的知識，變成一套唯識心理學系列。此外，禪與諮商輔導亦有密切的關係，我把它整理為禪式諮商，兼具理論基礎和實用價值，對於現代人的憂鬱、焦慮和暴力，有良好的對治效果。目前禪與唯識，在心理諮商與輔導的應用面，不只台灣和大陸在蓬勃發展，全世界華人社會也用得普遍。每年我要在國內外，作許多場次的研習和演講，正是這個趨勢的寫照。

二十年來我在寫作上的靈感和素材源源不絕，是因為關心現代人生活的適應問題和心理健康。我從事心理諮商的研究和實務工作超過三十年，個案從兒童青少年到青壯年及老年都有；類別包括心理調適、生涯、婚姻諮商等，我也參與臨終諮商及安寧病房的推動工作。對於人類心靈生活的興趣，源自個人的關心；當我晤談的個案越多，對心理和心靈的調適，領會也越深。

我的生涯歷練相當豐富。年少時家境窮困，為了謀生而打工務農，當過建築工、水果販、小批發商、大批發商。經濟能力稍好，才有機會念大學。後來我當過中學老師，在大學任教多年，擔任過簡任公務員，也負責主管全國各級學校訓輔工作多年，實務上有許多的磨練。

我很感恩母親，從小鼓勵我上進，教我去做生意營生。她在我七歲時，就帶我入佛門學佛，讓我有機會接觸佛法，接近諸山長老和高僧，打下良好的佛學根柢。我也很感恩許多長輩，給我機會參與國家科技推動工作長達十餘年，從而了解社會、經濟、文化和心理特質，是個人心靈生活的關鍵因素。如果我觀察個案的眼光稍稍開闊一些，助人的技巧稍微靈活一點，都是因為這些歷練所賜。在寫作時，每一本書的視野，也變得寬博和活潑實用。

現在我已過耳順之年，但還是對於二十餘年前受重傷所發的心願，珍惜和努力不已。希望在有生之年，還有更多精神力從事這方面的研究和寫作。寫作、助人及以書度人，是我生命意義中很重要的一部分，我會法喜充滿地繼續工作下去。

#《打造美好人生》目錄

新版序

反省中創造人生

從反省到創造，是美好人生的心路歷程。不過，反省需要有足夠的思考素材，才能激盪出創意；空洞沒有與料的反省，起不了什麼作用，有時還會淪落於自己的管見，走不出路子來。因此想要締造美好的人生，就要多閱讀，多歷練和多見識，揉和這些材料，在大腦裡發酵反省，能產生機智、創意和品德等回應力，去解決問題，創造豐富的人生。

回應力表現在待人接物上，能不斷面對生活的挑戰。正向的回應力，帶來解決問題的好成果；反之，負面的回應力，不但不能解決問題，反而會製造障礙，使人陷入更多的困難。譬如說人由於情境的刺激，一時陷入怒火，說錯了話，做出非理性的行動；或做錯決定，讓自己陷入更複雜的困境，而蒙受嚴重的損失或重創；更有可能在待人接物中誤了大事，自毀前程。

身為心理學的研究者，從諸多案例中觀察，深信這些誤蹈地雷的人，多因為反省迴路不周全。最主要的問題是正向的反省素材太少所致。人若能在大腦裡，存入多些正向的素材，多些小故事大啟示，反省時作出正向、有創意、有遠見的回應，機率就大大地提升。

這些具足正向回應力的人在遇到困難時，心理世界就像有一位幹練的老友，在關鍵時刻總能提出明智的想法或點子，即時勾勒出新的創意和想法。所以我很重視多閱讀正向經驗的讀物，尤其是生活中的精采小故事，往往蘊含著豐富的心智寶藏；古典的寓言和譬喻的故事，亦頗具啟發性。

我相信，多閱讀積極正向的生命故事，對個人待人接物的態度和機智，會有深度啟發。這些素材所構築的反省力，在職場上必能增長其揮灑的力道，在婚姻、親子和心靈健康等方面，更能確保如意順利。我更相信，結構性選擇現代人生活經驗的菁華，點出正向的心理層面和動力，對生活在忙碌競爭和瞬息萬變的現代人，有更大的助益，能提升其反省和創造力，打造美好的人生——本書就是提煉許多個案的正向經驗，所集結的寶貴素材。

人生是生動活潑的，這本書用一篇篇的短文，類似散文的敍述方式，提出五十六則生活中最常用的關鍵性素材。讀者可以隨意挑著看，讀過的主題，有空可以反覆的瀏覽。過去，有許多人把它當作桌邊書，他們告訴我：「這本書是我的心靈點心。」

最近，我常被問道：「你能否簡單告訴我們，什麼樣的機緣能讓一個人成功？」我說：「每個人的機緣都不相同，但有個共同的原則：反省力好的人，往往是贏家。」這本書能給讀者帶來好的反省力，從而孕育正向的想法和創意的人生視野。

自序

用愛與智慧去生活

每個人都能打造美好的人生，都能用手中的資材，去建構有意義、有價值的生活。三十多年的諮商研究和晤談經驗，我清楚地看出成功的人生有一定的線索可循，失敗的道路也有其錯誤的軌跡。

生命是一個成長的過程。人既需求生，知道怎麼活下去，有能力活得好，日子過得喜悅和幸福；同時也要了解生命的究竟和死亡的本質，從而珍惜生命，仰望永生的精神世界。每個人對生命所抱持的態度，決定其生活的品質，影響其身心健康，關係其生活幸福。

三十餘年來我從事助人晤談，從實務經驗中，發現生命是不斷接受挑戰的過程，是艱辛的。不過在解決困難，讓自己平安活下去，有了成就感時，便覺得它有許多樂趣。此外，生命過程中人與人所發生的情感、互愛和情操，賦予生命更多的意義，它使生命變得更光彩、更有價值。生命是苦中作樂，是先苦後樂，是朝向光明性成長的，即使面對死亡，迎接來世也是成長。

今生的生命，正是「永恆存在」的一部份，它不能夠獨立切割出來。沒有它，永恆存在的成長過程就會中斷。所以每個人都應該珍惜生命，用愛與智慧去生活，去拓展其豐富的意義和光輝。

人生必然從現實這個課題，延伸到死亡後繼續存在的課題，這樣生命才不會落空。於是這個現實的世界，如果不歸屬於永恆的世界，生命便缺乏歸宿，即使生命得以維持，心靈生活仍會產生無根、漂泊、沒有方向感和欠缺意義。反之，如果只一味追尋永生之事，忽略現實人生的努力，幸福將被忽略、踐踏，甚至帶來痛苦。

人生要活得幸福，活得有智慧、有熱情，需要一些正確的指引。我從晤談經驗和研究中，記錄下豐富的心得和觀念。現在我把它寫成一篇篇的短文，希望它對大家有助益。

我深信人怎麼想就怎麼過生活。生命世界免不了互相衝突和創傷，如果你認為那是生活必然要面對的事，當你遭受到損失或創傷時，就不致怒火中燒，敵意強烈。你也比較能用理性的態度，處理糾紛和損害，生活才會幸福，人生才會美好。

這本書的每一篇，都就常見的生活場景，提出正確的想法。幫助個人努力做自己，開展生涯，實現豐富快樂的人生，並參悟生命的意義。希望它能帶給讀者愛心和智慧，發展更好的人生。

人生雖然要面臨許多考驗，但只要勤奮振作，要活得幸福並不難。只要你珍惜它、經營它，生命之華總是綻放著芬芳。有時候，你根本無需汲汲營營，在辛勤工作之餘，偷空在公園散步，會油然讚嘆：光是活著就如此美好！你要用什麼眼光來看生命，安排生活與工作呢？現在我把美好人生的線索獻給你，相信你能活得更充實、更美好。

這幾年，我一直參與生命教育的推動工作，許多學校反映生命教育的教材不足，我相信這本書的出版，必也能增加生命教育的素材。

1 人生一步一步走

做什麼事都一樣，就是一步一步的往前走，看一步是一步，要步步踏實，步步清楚。

人生路是一步一步走出來的，不是驟然就會成就的。無論求學、工作和生活，每一件事都得按部就班，才會做出好的成績。我這樣的觀念來自小時候祖父的教導，它令我終生受用，到現在仍惠我頗多。

我當時十一歲，讀國小五年級，家裡決定讓孩子跟著大人進入深山工作。祖父、父親和叔叔等家人，在深山裡開墾一塊山地，種植番薯和花生等作物，那是全家人的糧食，也是經濟生活之所賴。

山路陡峭遙遠，步行到耕作的地方，要花上兩個鐘頭。特別是最後的三里路，要沿著山澗登行，溪中怪石嶙峋，每塊石頭上都長著油滑的青苔。上山就得踏著一塊塊石頭，邊走邊看，找到可以落腳的地方，一步一步踩過去。

我個頭小，腿勁也不夠，石頭間距太大，常會陷入進退維谷的窘境。大人都已經上了平頂休息，我還在那兒不上不下，遂哭了起來：「我登不上去！我會滑倒摔死！」祖父站在溪谷的上端，耐性的對我說：「你只想著一小步一小步攀爬上來，就能辦得到。每走一步，就停下來看看，下一步應該怎麼走。現在你注意看，石架前方那塊岩石，正是你下一步落腳的地方。」

我慢慢把身體移過去，攀著石架，踏上那塊石頭，站穩之後，繼續尋找適合踏腳的地方。我小心翼翼地走每一步，同時也仔細觀察下一步該怎麼走。就這樣一步一步的登上平頂。雖然眼角的淚痕並未消去，但卻有著極大的成就感。我走到祖父的身邊，自己恍如變成了大人。那一刻我永遠不會忘懷。祖父對我說：「做什麼事都一樣，就是一步一步的往前走，看一步是一步，要步步踏實，步步清楚。」

每次上山工作，來回總要涉過幾次湍急的河水。他還是一句話到底：「一步一步的走，要踏實，要看好。」這樣的教訓一次又一次，直到形成一種刻骨銘心的觀念。直到現在，老人家的話仍繚繞耳際，受用匪淺。

我的求學過程並不順利，必須半工半讀，但我一步一步踏實地走，做過建築工人、當過水果販、經營過水果批發，終於完成學業，並赴國外進修。我的職場生活，大部份是忙碌的行政工作，諸多教育方案、輔導計畫和學生事件要處理，也都在一步一步之中完成。

後來，我離開公職，從事寫作筆耕。每一本著作，剛開始動筆，總覺得完成之日遙不可及。這時，祖父的教訓，就會言猶在耳。然後我耐下性子，「一步一步的走」，一篇一篇的完稿，寫作至今，已經完成了四十餘本著作。不覺得累，也不會急躁，只是一步一步的走。

我的一生之中每當看到前路遙遠，以致膽怯灰心時，只要想起一步一步走的教訓，就會振作起來。我愛登山，出發前以此自勉；當面臨挑戰，著手回應前也以此自勉。一步一步的走是人生的真理。

2

快樂與享樂的分野

真正的快樂發生在面對挑戰與成功回應之間，
孩子是在學習思考和解決問題的成就感中得到快樂。

每個人都希望快樂，都在追求快樂。有些人真的獲得快樂，有些人卻在追求之中失去快樂。

快樂與享樂不同。快樂（happy）是透過勤奮和努力，不斷學習和歷練，讓自己的能力成長提升，對生活與工作勝任愉快，而得到滿足。因此，快樂是付出代價，才得到快樂；先努力學習，才得到解決問題後的滿足。人的一生有許多挑戰要面對，有許多困難待克服。所以生命的本質應該是先苦後樂，苦中作樂。

享樂（pleasure）則不相同，它只顧眼前的安適，沉緬於聲色慾望的滿足，而不願意接受試煉、學習新知、培養實力。人為了追求享樂，就會養成好吃懶做、逃避責任，造成自甘墮落的惡果。愛吃喝玩樂、不事生產的人，總是弄得貧窮落魄；好縱情聲色、享受一時之快的人，終究是貧病交迫，潦倒可憐。

只貪眼前的安逸，一旦成習，就會無力面對現實。逃避責任越久，積習越深，最後，就會以心理症狀代替面對現實。適當的享樂或娛樂是正當休閒，但一味享樂，恐怕只會埋葬自己，讓生命變得無力、蒼白和病態。

有許多父母對子女呵護備至，讓他們養尊處優。他們怕孩子受苦，連起碼的家事也沒讓孩子做過，應有的責任也不曾讓孩子分擔。子女長大成人後，則只會享樂揮霍，而無意願工作。他們怕苦又沒有能力，但卻一心要找能令他們快樂的工作，然而，何處尋覓這樣的工作呢？如果有，必也是墮落的陷阱。

常有年邁無助的老人來求助，他們眼看著子女沉緬於吃喝嫖賭，把老人畢生辛苦經營起來的事業、家產敗光，徒留揮之不去的感嘆。有一位老人家在晤談之後感慨萬千：「請你轉告年輕的父母們：養尊處優是敗家子的溫床；給他適當的責任和勤奮的體驗，才能培養樂觀積極的好兒女。」

最近有人主張學校教育要讓孩子快樂學習，我主張一定要認清快樂的意義與價值。如果我們認為減輕課業，不帶書包回家，讓孩子有更多時間看電視玩樂，就能「快樂學習」，那可能是一種誤會。快樂學習來自主動，願意努力和思考，從學習中得到快樂。

快樂學習的關鍵是提供適當、豐富的環境，孩子是在學習思考和解決問題的成就感中得到快樂。真正的快樂發生在面對挑戰與成功回應之間：越多適當的挑戰和鼓勵，孩子的大腦發展得越好，越能從回應挑戰中得到快樂。

生命是一個不斷接受挑戰的歷程，它是艱辛的，是要振作才能活下去的。要想從中得到快樂，就得負起責任，願意主動學習和成長。孩子如此，大人也如此。

3 簡單的道理最有用

基本生活道理，其實都是些簡單的觀念和習慣。我們無法光憑說理，教一個人怎麼生活，真正重要的是養成習慣，受益無窮。

從日常生活中所學到的簡單道理，對個人的一生最是有用。由於它透過體驗，而不是表面的認識；它與生命結合在一起，而非生活的想像。

有許多簡單的人生道理，到了成年才去探索，就不那麼容易習得。例如安全感、自信、誠實、禮貌、友愛、主動、勤奮和堅毅等等，如果不及早養成習慣，透過體驗而「箸乎心，布乎四體，形乎動靜」，是無法受用的。成年人想要學習生活的基本道理，通常都要付出很大的代價。許多人是在現實生活中，受夠了教訓和挫折，才開始學習基本道理。

基本生活道理，顧名思義，都是些簡單的觀念和習慣。一位朋友提出自己的經驗：「讀小學時，總愛偷懶貪玩，有時玩過頭，忘了父母交代的家事，有時慵懶拖延，功課沒按時做好。於是父親把舊報紙，夾成一疊掛在牆上，要我們把該做的事寫在上面，提醒自己，並學習控制時間。今天，我能保持主動有效的工作和生活習慣，是那時學來的。」

有一次，我以這個話題請教一位女性主管：「妳是怎麼保持樂觀，又能積極工作，而游刃有餘？」她告訴我：「我少年時多愁善感，碰到不如意的事就會哭。牧師總是逗著我，直到我破涕為笑為止。然後說：『千萬不要含憂到日落！現在你變得秀外慧中了，連上蒼都高興。』如今這個態度已經形成習慣，現在我任主管，免不了要處理許多難題和困境，但我始終保持開朗的態度，去面對它！」

我們無法光憑說理，教一個人怎麼生活，每個人都注定要在生命過程中，直接去體驗，才學習得來。比如用鐵鎚釘釘子，說道理誰都知道，但你得經過練習和體驗，一次又一次，才釘得準、釘得正。

我小時候住在農村，寒暑假免不了要幫忙下田除草。面對一大片待除的雜草，總會皺起眉頭，嘴裡嘀咕的抱怨。祖父會很有耐性地說：「你可以把一天的工作，分成幾部份；每完成一部份，就可以去玩玩，再回來作下一個進度，這樣就不會覺得累。幾天以後，就能完成一大片，那時你會很高興、很有成就感。這樣就叫做有步驟、有恆心。」這樣的做事方法，道理很簡單，一旦養成習慣，真的受益無窮。

直到現在我還在使用這除草的道理。凡事總是一步一步去做，分段完成，積少成多。我的求學歷程，是半工半讀慢慢完成的，我的寫作計畫，也是在繁忙的工作、家務和養育子女的責任中，利用餘暇一點一滴慢慢寫出來的。這種持續力，無論稱它叫毅力或恆心，都無所謂，真正重要的是你是否養成習慣。

簡單的道理是最有用的。它能以簡馭繁，能滲透到生活與工作的過程中，化作心力和智慧。每個人都該及早學習這種有用的生命智慧，而且越早越好。

4 發展自己的長才

成就顯著的人，成功之因在於專心致志，發展長才。把心力放在專長上頭，不但令你才華洋溢，而且能帶來自信和滿足感。

世上沒有一個人是全能的。每個人都各有其長處和才能，也各有其短處和缺陷。因此，人不應該花太多時間去補救缺點，而應集中精力，發揮自己的專長。你所不足的部份，正是別人擅長所在，這可以透過合作，互相配合，來獲致成就。

有些人專長於研究，有些人擅長於經營，也有些人精於行銷或市場管理。有人善於技術，有人攻於設計，有人長於藝術。在合作的體系下，你應該把注意力放在發展專長，才能取得較好的成就。調查研究發現，專長與工作配合的人，達到的成就最大。此外，每個人都該認清一個事實：在工作上不培養自己的專長，就不容易有勝任暢快的成就感。

專長必須經過學習和實務的磨練，而且是在持續努力之下，不斷增強和深化，才能展現才華和潛能。因此，專心致志，鍥而不捨，是發展長才的首要秘訣。一九二一年，美國心理學家路易士・特曼（Lewis M. Terman）透過他發展出來的智力測驗，針對美國一千四百位天才兒童進行追蹤研究，結果發現這些天賦超群的人，並不一定有過人的成就。這項研究還發現那些成就顯著的人，最主要的原因是把精力放在所要做的事情上。也就是說，成功在於專心致志，發展長才。

成就不是短時間得來的，才能和專長並非唾手可得。除了需要專心致志之外，還要天天磨練，有水滴石穿的決心，才有耀眼的成就和豐收。我們只看到風光的歌手或明星，都沒有看到背後努力和堅持的辛勞；只看到出眾的企業家，而沒有了解其學習和磨練的過程；一般人只留意到高薪的科技新貴，而未及探索他們鍥而不捨的研究。每一個事業有成的人，無論他們是行銷人員、公務員、教師、醫生、運動員、藝術家等等，都致力於發展其專長，而且不停地精益求精。

成就感大部份來自個人發展的實現。每個人在選擇自己的職業目標之後，就得開始培養專長，每天練習，砥礪自己朝卓越的方向前進。如果你選擇了美髮、木工、家電修護等為業，就得精於自己的本行，不斷擴充相關的能力，才能獲得卓越的成就。

人不可能從與別人的相互比較中，找到成就感。比較只會帶來挫折，即使一時帶領風騷，一旦被別人比下來，就有挫敗感和失望。真正能讓自己快樂的事來自發展專長和實現抱負，及其所帶來的成就感。

為讓自己精益求精，你需要伙伴，長期互相砥礪；需要參加行業的進修，擴充自己的視野。此外，要正視你的短處，尋求與擅長這方面的人合作。拿別人的長處來補自己的短處，能讓專長發展得更好。

每個人都應該重視自己的專長。把心力放在這上頭，不但令你才華洋溢，而且能帶來自信和滿足感。我們可以肯定地說，倘若你不發展自己的專長，到頭來一定吃虧。

5 培養你的肯定性

肯定性高，比較能受到尊重。
欠缺肯定性的人，因為忍受太多別人不合理的要求，容易造成困擾。

我們生活在彼此互動的社會裡，每天接觸許多人，表達你的意見和感受，說出決定和需要，以遂行自己的心意，調整自己與別人的關係。當我們不希望鄰居打擾時，要用語言說出來；要求商家為自己提供必要的服務時，也是用語言表達出來。於是，表達意見具有肯定性（assertiveness），容易受到重視而達成願望，並得到別人的尊重；表達意見缺乏肯定性，往往會被忽視，甚至遭受委屈或損失。

肯定性高的人，會有禮貌、堅定和清楚地表示心意，「對不起，週末我已經答應親人一起出遊，謝謝你的邀約，下次有機會我樂意奉陪。」而不會猶豫不決，難以啟齒，甚至造成心理的矛盾。肯定性越低，越容易犧牲自己的權益，為了情面而犧牲原則，以致在答應別人的請求之後，嘀咕埋怨在心頭。

一位朋友向小張借休旅車，打算與家人一起到東部遊玩。小張的車子新買不久，但他壓抑住自己疼惜新車的感情，礙於情面對朋友說：「當然可以，你就開去吧！」他拒絕了自己，成全了別人。車子被借走，他心疼一整天，埋怨朋友，心情鬱卒，最後與家人大吵一架。欠缺肯定性的人，很容易造成困擾，因為他答應了許多自己不想做的事，忍受太多別人不合理的要求。

A先生和家人到餐廳用餐，點了碗紅燒牛肉麵，但店小二端出來的卻是一碗清燉牛肉麵。A先生把老闆叫來，數落一番：「你是耳朵聾了，還是腦子不清楚⁉」於是和店家吵了起來。太太從旁勸架，也一起被A先生罵進去。雖然店家最後端來了紅燒牛肉麵，但夫妻兩人對著它，又怎麼能快樂的享用呢？侵略性的人，在主張自己的意見或拒絕別人的要求時，總是帶著不屑、輕視和敵意，以致侵犯了別人。

肯定性高，比較容易受到尊重。要培養肯定性的方法，首要注意語言清楚、堅定、明白的表達，不可以模稜兩可，這會帶來別人得寸進尺，或侵犯性反應。一位小姐對語帶挑逗的同事，表情認真的說：「我不喜歡你這樣說話。」肯定性語言的表達最好用「我」開頭，而不是缺乏主詞的勸說，那不能貫徹你的真正心意。

其次要忠於自己的感覺和想法，對它負起責任，強調自己的立場，並表達出來。清楚的語意表示、堅定有力的肢體語言和表情，可以讓對方知曉你的想法，並作出合適的回應。

為了表示你的肯定性，一定要克服內心的恐懼。有了恐懼感就不能為自己說話，或說出真心話。其實，只要你是為自己負起責任，忠於該做的事，就不會擔心懼怕。

最後，肯定性與決定的時程有關。如果不能在適當時間內作出表示，而將問題拖延到對你構成威脅時，想表達你的意思已經來不及。所以應該表示意見時，千萬不要拖延。

肯定性高的人，困擾少，心理健康好，對自己的權益和生命尊嚴，能善盡捍衛和維護之責。

6 要活得帶勁才行

越是肯負起責任的人，自尊越健康，所獲得的快樂也越多。負起責任是我們活得帶勁的關鍵。

生命的存續，得不斷接受挑戰，解決所面臨的問題。你心甘情願，對它負起責任，肯學習，有勇氣去面對該做的事，精神自然振作，生活也自然帶勁。若只想逃避困難，對該負起的責任，找藉口說「那不是我的問題」、「這不是我喜歡的」，那麼規避問題所造成的消極想法，會漸漸盤據你的腦際，最後會變得頹廢和墮落。

一位青少年在晤談時說：「我是該用功讀書，但是我無法抗拒網路遊戲對我的吸引力。」我問他：「你何不找個圖書館，那裡的環境能讓你心無旁騖，可以專心用功讀書。」他猶豫了一下說：「圖書館不是我喜歡去的地方。」許多研究指出，缺乏責任感的青少年，較容易逃避現實，以致功課落後。他們長期累積該做卻未做的事，對著一大堆問題望而生嘆，最後落得整天埋首網路遊戲，或尋找其他自我麻醉的方法。他們的生活變得墮落不帶勁了。

責任是一個人盡力做自己該做的事，並願意承擔它的後果。人總是在不肯為該做的事負責時，才漸漸走向邪路，幹起為非作歹的勾當。當他們犯罪被捕時，都辯稱說他們出身不幸，學校老師沒有愛護他，父母沒有提供安穩幸福的家庭等等。簡單的說，他們學會不負責任的惡習。

其實有許多人的際遇，超乎想像的困難重重。但他們振作、努力，為自己打出一片天，而不致走上歧途或顧影自憐。那些神采奕奕，從窮苦的環境中掙扎向上，而獲得成功的人，他們不但事業有成，心理健康佳，精神力更令人敬佩。追究其原因是他們肯負起責任。

肯對自己負責的人，願意面對問題，設法解決，所以累積豐富經驗，有較多的能力。他們在職場上作選擇的機會增加，跟別人相處的彈性和寬容也增加，就有較多的自由和施展空間。乍看之下，責任是一種負擔，甚至會限制一部份的自由；然而，實際上負起責任，才能使自己得到更多自由和自尊。

心理學研究發現，越是肯負起責任的人，自尊越健康，所獲得的快樂也越多。願意負起責任，面對有價值的挑戰，當目標完成時，自尊相對提高。這會使一個人自我形象變好，企圖心旺盛，不僅在感情、思考和創造力方面有所增強，生活態度也愈開明和誠實。他們在遭遇挫折時，很容易再站起來。

負起責任的人，同時也願意自我反省，知道責任的限度。他們面對真實，而不是無止境的扛起沉重的負擔。責任使人振作和健康，它帶領我們走向光明和成功，並賜給我們尊嚴與快樂。負起責任是我們活得帶勁的關鍵。

7

追求完美並非好事

要把追求卓越和追求完美分清楚，前者著眼於追求成功的表現；後者著眼在錯誤和失敗上，是應該及早戒除的惡習。

每個人都應該學習正確踏實的工作態度，從中追求績效和卓越，以獲得成就和滿足感，這是人生的快事。鍥而不捨追求「卓越」，爭取高水準的成就，是樂觀者的表現。他們能在工作中獲得滿足，產生向上提升的動力，他們的生命力活躍而壯碩。

追求「完美」的人卻是悲觀的，他們不斷批評自己的缺點，要求零錯誤，強迫自己去達到一時無法完成的目標，並以達成與否來衡量自己的價值。於是，他害怕失敗，感到不安和氣餒。強迫自己追求完美的人，忽視自己成功的表現，整天沉溺在缺陷之中，產生自責，只會招致焦慮、緊張和不安的情緒。

心理學家大衛・柏恩（David D. Burns）作過研究調查，發現約有40%的人，有追求完美的傾向。他們在工作上承受的壓力大，焦慮和沮喪的困擾多，收入卻沒有比別人高。由於他們經常遇到挫折，作消極的自我批評，所以降低工作能力和工作績效。長期追求完美的人，可以為生活中的小事，煩心焦慮很久，甚至造成情緒低落，而影響健康。

追求完美的人很怕失敗，所以怯於嘗試，因而故步自封。他們擔心在社交上失禮，招人訕笑；對任何善意的建議，都可能解釋成對自己的輕視和批評；對別人的任何批評，會作出防衛的反應和表現敵意，造成僵局，彼此都下不了台。因此，他的人際關係會有障礙，不敢或不輕意與人打交道。成人世界裡，常看到這種人；在學校裡，因追求完美而顯得龜毛，從而發生人際障礙的人，也處處可見。

追求完美的人具有強迫性傾向，他不斷回顧過去，為過往的窘境或小錯，重複地自責，覺得可恥。因此，他們缺乏笑容，永遠背負著沉甸甸的壓力，提不起勇氣面對新的挑戰；他們的生命缺乏朝氣，施展不出作為。從實務經驗中證實，追求完美的人比較容易憂鬱，甚至產生焦慮性情緒病症。

追求完美是一種惡習，你應該及早戒除它才對。

首先要把追求卓越和追求完美分清楚，前者的眼光放在追求成功的表現上，只要有一點進步，都會引發滿足感，所以會再接再厲，保持好的鬥志和信心，去面對新的挑戰。後者正好相反，他們著眼在錯誤和失敗上，拿它來自責或內疚，於是被煩惱的心情所困。

其次，你要從所做的事情中，體驗出它的價值和樂趣，而不是要求十全十美。世界上並沒有完美的事，許多社交活動如舞會、婚禮或典禮，都有缺失，但仍然不失莊嚴、喜樂和溫馨的氣氛。

每個人也都會犯錯，小瑕疵並不影響大局，應該把重點放在享受過程的樂趣，不要把心放在吹毛求疵上。參加朋友的聚會，就是一種溫馨，小差錯並不影響友情的滿足。勇敢作點新嘗試是一種興致，做得不十分好，並不影響它的樂趣。

生命的活力來自享受努力過後的滿足感，而不是嚴肅地要求完美，挑剔個中的缺失。追求卓越和揮灑才華是對的，但苛求完美並非好事。

8

光是活著就快樂

生命是不容許用比較的眼光作批判的。每一個人都應該以此為座右銘：只要活著就是不折不扣的歡樂。

我祖母是在我念大學時往生的。她一向樂觀開心，即使臥病在床，一樣逗著來探望她的人大笑。她知道去日無多，所以更珍惜還活著的日子。有一天我特地返鄉看她，陪她聊聊。她回顧一生中諸多有趣的事，說她怎麼愛打扮，怎麼跟我祖父認識，每說一段總是開懷地笑了開來。最後，她告訴我：「阿嬤實在不想死，活著真好。」

人生很短暫，懂得生的歡慶的人，生命像個寶，彌足珍惜。他們不是只有稱心滿意時才快樂，在困境和苦難中，也能逗著自己笑。他們慣用的方法是逗趣、揶揄自己、找些有趣的事分享。我小時候，強烈颱風經常在蘭陽平原上肆虐。一場災難過後，屋子毀了，果樹倒了，滿地都是掉落的果子。我聽到有人哭，但我卻看到祖父母互相逗著笑：「屋頂被風吹走了，我只好拿妳的長衫來蓋布篷遮雨！」祖母會笑著回敬他：「災後斷糧了，我就把你的棉被拿來典當掉！」他們親暱地鬥嘴，現在回想起來，真懂得苦中作樂。

我的一位神父朋友說：「對主最好的讚美，就是歡度人生。」我的學佛友人則說：「歡喜就在呼吸之間，所以日日是好日，夜夜是春宵。」生命本身就是一個大恩賜，應該為它歡悅才對。我讀過醫生作家理查・席爾哲（Richard Selzer）在《死亡的教訓》（*Mortal Lessons*）一書裡，提到一位腿部壞疽嚴重，受盡病苦，要進行截肢的婦人。麻醉後掀開蓋著大腿的布，醫師卻看到她在即將截斷的大腿上，畫了一個笑臉，上面寫著：「醫生，笑一笑！」

另一個故事也很感人。一位少婦在動過臉部癌症手術之後，嘴巴部份肌肉癱瘓，表情變得怪異，由年輕的丈夫在病房照顧她。少婦問醫生說：「我的嘴永遠都會這樣歪曲嗎？」醫生說：「不錯，永遠會這樣，因為神經被切掉了。

」她低頭不語，丈夫卻微笑著俯身親吻；他盡情地扭動自己的嘴巴，去配合太太的嘴唇，然後表示：「我喜歡這樣子，我們還可以接吻得很好！」他們在認命之中，看到了生命的美和歡樂。

活著本身就是歡樂。固然人生要面對許多病苦和老化的考驗，要一次又一次地接受災難的挑戰，不過，我們還是可以苦中作樂。即使在颱風夜來臨前，還能及時打開窗子，看一抹夕陽的微光，讚嘆它的美好。

生命是不容許用比較的眼光作批判的。你只要陷入比較和批判，就會容易挑剔它，失去歡慶之心。我常看到一些貧苦的鄉下兒童，他們還是能過歡欣的日子，如果換成大人，絕大部份會愁容滿面，失去生命歡悅之福。這是我們該檢討反省的。

每一個人都應該以此為座右銘：只要活著就是不折不扣的歡樂。在得與失之間，在成與敗之際，都要奉行它。

9 信任能產生力量

信任使人坦誠相見，互助合作，建立彼此之間的情誼和行動默契。肯信任人，才能成大業。

勇於信任別人，才能結合大家的力量，去完成一個事業。與別人相處願意往好處想，就能激發他的力量，保持彼此的友誼。哲人愛默生（Ralph Waldo Emerson）說：「你信任別人，別人才對你忠實；以君子的風度看待別人，他會報以君子的風度。」

我的朋友王榮文先生說：「你用什麼樣的眼神看人，別人也用同樣的眼神看你；你怎麼取得手上的東西，就怎麼承擔它的後果。」他說得非常有道理。如果我們戴著假面具，不能與人推心置腹，彼此怎麼合作共事？夫妻又怎麼真心相愛？親子怎能融洽相處，互相啟發？人與人之間互相信賴，不但能感受到尊嚴，而且有著安定和自在感。信任之中，蘊含穩定的愛。不信任別人的人，通常也不能愛別人。

一位母親接到學校的通知：「貴子弟在學校暴力滋事，打傷同學，經議處記大過一次。」但她相信兒子不會對人動粗，問明原委後才知道他是為同學打抱不平，而引發衝突。母親於是告訴孩子：「我相信你不會對人動粗，今天你為了仗義而起衝突，我可以了解。不過以後要注意，以暴制暴不是解決問題之道，有時甚至會節外生枝，造成更多困擾。我相信你的作為有你的理由，但建議你多用腦筋，不用暴力。」孩子得到信任，改過自新的意願很強。

與人相處全靠信任。老師信任學生，學生就表現得堂堂正正；有心理困擾的人信任諮商師，才能進行輔導諮商。信任使人不再害怕，不再疑神疑鬼，這才能坦誠相見，互助合作，建立彼此之間的情誼和行動默契。

馬戲團的空中飛人，在擺盪飛越時能百無一失的被隊友拉住，並不單靠熟練的技術就能辦得到。他們要建立互信，並在不斷練習中，增強信任感。

信仰也是建立在對神的信任上，虔誠信仰者對神祇有著完全的信賴。在第二次世界大戰時，美國麥克阿瑟（Douglas MacArthur）將軍帶領部隊在菲律賓搶灘登陸，準備從日本人手中奪回據點，當時真是槍林彈雨，隨時有戰死沙場的可能。他的隨扈駕駛問他：「將軍，你不怕嗎？」麥帥以嚴肅的表情說：「不，上帝給了使命要我去完成，在未完成以前，相信祂不會把我召走。」堅定的信任神，必然產生沉著堅毅的力量。

信任是很重要的人生課題，也是珍貴的德行。為了贏得信任，必須信守承諾，而且要一諾千金，不可輕許。相對的，在信任別人時，必須真實了解，不可建立在盲目的輕信上。有一次我請教台灣的科技之父李國鼎先生，怎麼信任一個人，他說：「當我用他時，就要信任他。」旨哉斯言，肯信任人，才能成大業。做到能被信任，才顯出生命的價值。

10 善用愛的語言

愛語產生溫馨的氣氛，形成陶冶和啟發的力量，並建立健康的自信和自尊。愛語是幸福的根源。

每個人都會從別人所說的話語中，看到自己的形象。當你批評對方不好，說他愚蠢、懶惰、不負責，他就會忙著撇清；若你讚美他好，說他仁襟義懷、能幹、有智慧，他就會欣然陶醉。

佛陀所說的愛語就是愛的語言；愛語能為彼此帶來自尊和自我肯定。如果你能關懷對方，支持和肯定其自尊，就能達到溝通的目的，增進彼此的情誼，促進雙方的合作。

對兒童而言，他們從不懷疑從父母師長的話中，所看到的自我形象。他們不會反駁，也不會自我澄清。兒童深信父母師長說的都對，只要大人說他們笨拙、無能、自私、不討人喜歡，他就認為自己是如此。如果你在態度和表情上透露他們沒有出息、醜陋、令人討厭，他們就認為自己拙劣不好，從而產生退卻、不安和嚴重的自卑。

無論你使用的是肢體語言或口頭語言，影響一個人殊大。例如孩子從餅乾盒裡多拿了一塊餅乾，父母親若抨擊他沒有良心、自私和只顧自己，則會傷害孩子的自尊。相對的，如果你說：「孩子！那裡面的餅乾是要分給你們三姊弟吃的，我希望你們都可以吃到。」孩子就能領會到分享，知道每個手足分一樣多才公平，甚至可感受到父母對他們姊弟一樣的公平，一樣的愛。

語言的影響力簡直不可思議，每個人的生活態度、價值觀和人際互動的能力，一開始都是從與父母交談中發展出來的。溫暖來自它，自信和自尊也來自它。小明從學校回來對母親說：「我不要去上學了，老師在同學面前指責我！我討厭他！」母親如果數落他一頓：「一定是你不用功、不專心，才會被罰，活該！」那麼孩子要發展出健康的自尊，就會有困難，甚至為厭學埋下因子。

相對的，如果母親沒有批評孩子，用接納的態度說：「這搞得你很難為情，在同學面前受到訓斥，真下不了台。」孩子得到你的接納和同理，反而願意說出實情，面對真實，改正錯誤，並學會對別人的體貼和同理心。

愛語是幸福的根源。家庭生活中，無論夫妻之間的對話，長幼之間的交談，都建立在愛語上。愛語產生溫馨的氣氛，形成陶冶和啟發的力量，並建立健康的自信和自尊。

別以為只有殘暴或心理失常的人，才會傷害別人。仁慈善心的人，如果不學習使用愛語，不懂得在關懷、接納和支持中進行溝通，則再好的心意，都有可能造成衝突，甚至傷害對方。

學習愛語不但能帶來生活的幸福，創造溫馨的人際關懷，更重要的是它豐富了人生，使每個人得到雨露的滋潤，活得有神采。

11

運動帶來活力

運動是生命的本質。
無論幼兒、學生、成人上班族或老年人，
都可以透過運動維持和增進身心健康。

運動能促進身心的健康與發展，孕育精力和腦力。它是青春活力的來源，也是紓解壓力、延緩老化的最好方法。你想活得帶勁，體力強，心情好，工作效能高，就得培養運動的習慣。

運動對於學齡前幼兒腦力的發展有促進作用。神經科學的研究發現，肢體活動能增進閱讀、書寫和注意力的發展，幼兒階段人若缺乏足夠的肢體活動，可能導致心智功能發展不足。神經心理學家費爾頓・伊爾斯（Felton Earls）指出，幼兒有足夠的肢體活動是必要的。

運動促進腦子清醒，能增進學習的效能。研究證實有運動習慣的實驗組，比沒有運動的對照組，在短期記憶能力上要高出許多。此外其語言流利度、思考、聽力和感官知覺上，都表現較好。

有氧運動能改變腦內生化狀況，促使腦下垂體分泌大量腦內啡素（endorphin）。它的化學性質，接近止痛用的嗎啡，但效果比嗎啡更好。因此，運動之後，身上的酸痛和關節僵化就會消失或緩解。

長期忙碌、緊張、不安、焦慮等壓力，使個體內交感神經過度興奮，造成失眠、高血壓、心臟不適和消化系統的疾病。運動有助於鬆弛交感神經，紓解壓力，讓你感到輕鬆，全身舒爽。適當的運動，對於情緒失調的人，具有很好的療效。

學校裡的學生，為了準備升學考試，心情緊張、挑燈夜戰，睡眠少，運動更少。這樣的作息形態很容易造成情緒失調，既影響身體健康，又減低學習效果，於是掉進一個惡性循環裡，長此以往，身心俱疲，成績每下愈況。如果他能安排一些運動，一段時間之後，腦力和體力提升，原來的困擾就會消失。

對於一般成年人而言，辛勤的工作，會帶來疲勞；競爭和忙碌，造成精神壓力。建議你忙了一個上午，可以在午飯後，出去散步；下班回家，利用晚上時間，做適合自己體能的運動。這能使你的身體頓時鬆弛，心情也跟著好起來。長期維持適當的運動，能令你健康，精神好，心情愉快和身體結實。

當你為某些事煩惱，心情打結、愁眉不展的時候，要出去運動——它能驅走你的煩惱，擺脫擔憂和牽掛。當你工作繁忙吃緊時，一定要在下班之後找時間運動——這能讓你解壓，帶給你一夜安睡，次日會有更好的精力面對現實。

生命是會老化的，運動能減緩老化，保持身心的活力。研究指出，有運動的老人健康好、腦力清醒，生活品質自然提高。老年醫學專家指出，運動行之得宜，是對抗衰老最有效的方法。

「動」是生命的本質。運動帶給生命強壯、活力、快樂以及身心調適的功能，帶給每個人生命力。

12

一顆振作的心

每個人要學習踏實、勤奮的生活，
學習多種才藝，接受生活的歷練和生涯體驗，
重視心理健康和情緒教育，才能培養振作的心。

人在振作的時候，才顯得光彩快樂。

生活的本質，就是要面對環境的挑戰，接受挫折的試煉。它需要的是正確的行動；是經由思考和樂觀所形成的生命力。

憂鬱是生命力的剋星，所以要當心，不要被它綁架。別以為你現在活得好好的，沒有什麼沮喪、無助和挫折，哪來憂鬱的心情？但愷切地提醒你，要預防它！就像你沒有罹患癌症，但要懂得防癌才行。

預防憂鬱症的襲擊，已經成為這個時代心理健康的重點工作之一。因此，

世界衛生組織（WHO）呼籲，大家要重視心理健康。從研究中推估，到了公元二〇二〇年時，憂鬱有可能成為傷害人類健康的第二號殺手。各國的調查顯示，憂鬱症患者正逐漸增加。目前保守的估計，有憂鬱特質的人，約佔47%左右；而青少年人口中，有憂鬱特質的人數正快速成長。

我們該重視憂鬱可能帶來的危害，因為它會毀掉快樂，瓦解生命力。憂鬱的特質是剝奪人的生活和工作的功能，即使你有很好的專業和能力，也會因為它的襲擊，而變得無用武之地。

憂鬱有可能成為人們普遍的情緒現象，雖然沒有達到憂鬱症的水準，但卻成為大家所共有的社會性格的一部份。它令整個社會變得不振作、頽廢、拈輕怕重和退卻，不肯為自己的生活和工作負起責任。這對於整個經濟結構、社會變遷和個人生活品質，將有嚴重的負面影響。

這是一個世界性的共同問題，但在台灣則面臨著更大的考驗，尤其是產業外移，失業潮來襲，社會性格情緒化等因素，將匯集成嚴重的沮喪和無奈，對我們的社會造成更多負面影響。盱衡社會發展的現象，容易被憂鬱症襲擊的原因包括：

- 富裕的生活，養成抱負水準高、挫折容忍力低，容易產生消極的態度和挫敗感。
- 自由被許多人錯認為放縱，因此自我功能和堅毅度不夠，碰到困難時，容易造成逃避和絕望。
- 年輕的一代，生活歷練不足，他們又是在虛擬文化中成長，對於生活現實的挑戰，有著無從招架的無力感。
- 社會變遷太快，謀生知識很快被淘汰，容易面臨失業的沮喪無奈。
- 心理健康的觀念薄弱，不懂得求助以逃脫憂鬱的窠臼，致身陷其中不能自拔。

針對這些原因，每個人要學習踏實、勤奮的生活；學習多種才藝，而不是只有讀書；接受生活的歷練和生涯體驗，重視心理健康和情緒教育。

一顆振作的心，不是想要擁有它就會有，而是在平常就要培養。個人、家庭、學校和社會，一起重視它，培養它，這社會才能真正振作起來。

13

變得更好之道

每個人都該珍惜自己的天賦，
要在可改變或可學習的特質上，開展其天賦，
從中得到喜悅和滿足，生命的真正價值就在這裡。

每個生命在發展和成長的過程中，越是了解自己，越能發揮特質，走出成功的人生。越能認清哪些特質可以改變，哪些特質無法改變，就可以集中精力做提升自己的事，而不必多費心思，做無法改變的事。

多年來我一直從事助人的工作，發現人的心理症狀，絕大部份來自自我的扭曲。當一個人不斷想要改變他不可改變的部份時，就會造成挫折、不能自我接納、沮喪、逃避和自尊低落，從而發生困擾和心理症狀。誠如前任美國心理學會主席馬汀・塞利格曼（Martin E. P. Seligman）所說：「人應該集中有限的

時間、金錢和努力，去做自己做得到的改變，而發展出自己的能力，使生活變得更好。也要去接納自己不能改變的部份，不會為它抱憾終身。生活的智慧就在於知道兩者的分野。」

知道這個道理，就能保持生活快樂，生命顯得活潑充實。

什麼是不能改變的呢？人到了成年個子還是很矮、同性戀、個性急、性向與智力等等，你想改變它成為你想要的樣子，確實有困難。因為這些都與基因有關，目前我們還沒有辦法改變它。所以最好的方式是，學習適應之道，或者發展輔助的能力，使自己接受它，從而生活得自在些。

什麼是可以改變的呢？你可從悲觀改變為樂觀，從消極改變為積極，從緊張焦慮改變為不緊張和不焦慮，從不健康的自尊改變為健康。也就是在天賦範圍內，你能將原先不能的，經過練習而變得能，原先不熟悉的技能變得熟悉。我們能學習的領域非常多，只要了解自己的潛能和傾向，就能從中發揮創意，發展長才。

每個人的根性因緣不同，其智力、性向、體能、人格特質互異。教育的本質是要順著個人的特質，引導發揮其長才，走出自己亮麗的人生。每個人都有其長處，也有其不可改變的短處。然而，許多父母和師長，沒有認識到這點，只一味要升學，要高學歷，要讀熱門的科系，而忽略發展子女的天賦和長處。這種不合理的教育抱負，常常使青少年產生嚴重的挫折、沮喪和絕望。

佛陀在靈山法會上「拈花微笑」。他把生命比喻作一朵開放的花朵，告訴大家要歡笑地接納它，享受它開啟的喜樂和芬芳。這朵生命的花是唯一、獨特的，不能與人比較，是平等的、值得珍惜的。你注定要依自己的特質去生活，去實現生命的美和豐收。

也許你是一株小茶樹，你用不著羨慕大雪山上的千年紅檜；問題是你是否繁茂的生長，長出好茶來。你若是山坡野徑的一株小酢漿草，也用不著在牡丹花面前自卑，關鍵是你是否開出紫色的花，迎風歡笑。

花樹不同，它的大小、顏色、芳香乃至綻放的時間都不一樣。但有一件事畢竟相同：生命之花開啟時的喜樂是一樣的。生命的真正價值就在這裡。

每個人都該珍惜自己的天賦，要在可改變或可學習的特質上，開展其天賦，從中得到喜悅和滿足，而不是對自己無可改變的短處，抱憾終身，這就是人生的智慧。

14 知識比資訊重要

如果你沒有豐富的知識作檢證和思考，
壅塞的資訊並沒有什麼工具價值，
有時還可能會被漫無結構的資訊誤導。

面對社會快速變遷、科技日新月異的發展，我們必須有豐富的知識，才能迎接種種挑戰，解決新的問題。這是適應之道，也是追求幸福的主要憑藉。所以每天要學習新知、日積月累。有些知識從別人那兒直接學來，有些是從自己的經驗和思考中發現。一般而言，經過自己體驗過的知識，要比記憶得來的知識有用得多。

大部份的知識，有其有效期限。現在使用的理論，經過一段時期可能不再適用，就會被替代或修正。不同領域的知識，有效期限不同。工程方面的知識有效期限最短，其次是社會科學，再其次是人文學科的知識。因此，你要想在工作上表現卓越，必須不斷學習；要想在社會適應、身心健康和人文素養上有所提升，也必須學習。知識不但是經濟活動的動力，同時也是個人幸福所必要的素材。

知識是結構性的，它具有思考、應用及創造的特性。經過長期累積，運用和驗證而形成，所以知識是活的，能不斷重組和改造，進一步產生新知。心理學家提示我們，有效學習知識的方法，是觀察、比較和思考。

現代人亟需學習新知，以因應社會變遷的需要。然而，我們卻面對一個難題：被來自四面八方的資訊，沖淡了思考和體驗的能力。每天洶湧而來的資訊，透過各種媒體的傳播，壅塞我們的心靈。每個人覺得腦子脹得滿滿的，好像知道很多東西，實際上那些資訊，並沒有什麼工具價值。如果你沒有豐富的知識作檢證和思考，有時還會被漫無結構的資訊誤導。

於是讀書變得非常重要。你要閱讀經典的著作，充實知識的基礎；也要閱讀新著，知道知識的更迭。那些傳之久遠的文學名著，就是歷久長新的知識；那些洞入精徹的哲學名著，代代都受其啟發，而有不同的省悟和受益。

書像一艘船，像一個個航空貨櫃。它把智識帶到各地，讓每一個人都能分享，並接受它的啟迪。每一本書都有其焦點，告訴你怎麼運用知識，解決某類問題；每一本書都有個伏筆，告訴你接下去由你接棒，發現更正確、更具價值的新知。

從讀書中獲得知識，才能使資訊變得有用；個人有豐富的資訊，才知道所處的現況。專業的技術人員和科學家，吸收新的資訊，才不致落伍；在政治、社會和經濟活動上，因為有資訊，才能透明，預防獨裁和獨佔。但我們必須認清，資訊沒有辦法回應現實，要解決問題，非得有結構性的知識才行。

透過知識和思考解決問題，資訊會變得有價值，這是聰明智慧之舉。反之，如果用資訊來代替知識，有可能是一種盲目和衝動。所以，現代人不要因為資訊取得容易，而忘了要讀書和求知。

15

不輕易說決不

人不應該憑著預感過活，將「我決不」等負面藉口掛在嘴邊。這種習慣一旦養成，不但會坐困愁城，而且會威脅心理健康。

當機會來臨時，千萬不要輕易說「決不」。機會永遠披著嚇唬人的外衣，要你知難而退。世上沒有幾個人，會故意放棄機會，拒絕美好的人生，而是錯過一個又一個機會。坐失良機的人，總被「不可能」的魔咒擊敗。他們遲疑、閃避，時而退縮，時而找理由搪塞。結果原地踏步，一事無成。

生命是一個成長的過程，現在你不會做的事，有一天你會做。世事是無常變化的，所以你認為永遠不會發生的事，卻會出現在你眼前。人的彈性和潛能無限，只要你願意面對現實，接受挑戰，就會化不可能為可能，讓原本不會做的事變成會做。

一位朋友的女兒，功課表現不佳，個性內向怯弱。中學畢業之後，升學非其所願，要就業又沒有本事，家人建議她去當麵包店的店員。她聽到之後，極端抗拒的說「決不去當店員」。後來由於開麵包店的親戚力勸和鼓勵，終於跨出職場第一步，怯生生的當起店員。經過一年的磨練，她已經成為能幹的銷售員，而且現在她信心滿滿，還找時間學作麵包。她對自己的前途看好。

生涯的發展，不怕你不會，只怕你用「決不」來逃避。只要你願意投身其中或開始行動，原來的顧忌和猶豫，自然煙消雲散，不怕被難倒。一位文學院畢業的學生，到處投遞簡歷，找不到合適的工作。後來有一家公司回函，請他做行銷的工作。他對母親說：「我決不幹行銷這一行！」他母親規勸他：「即使你不喜歡行銷的工作，你也要去做做看，賦閒在家對你更沒有意義，更會帶來挫折感。」終於在勉為其難的情況下，幹起行銷工作。三年下來，他發現自己對行銷的興趣，加上對工作的勤奮與熱忱，培養和累積更多這方面的能力，每個月的銷售業績都很可觀。

人不應該憑著預感過活，動不動就將「我不喜歡」、「我決不」、「我不可能」等等的負面藉口掛在嘴邊。這種習慣一旦養成，不但會坐困愁城，而且會失去信心，威脅心理健康。一位愁眉不展的年輕人，臉色蒼白憂鬱。他母親憂傷的表示：「他每天待在家裡，一直在找喜歡的工作，兩年多來，每一天都以失望結束。」他沒有去行動，不肯接受挑戰，只是在找「喜歡的工作」。你認為世間有這樣的工作嗎？

在晤談中我鼓勵他走出去，不要挑工作，抱著試試看的態度，就會有全新的發現。但他卻仍舊退縮在「自以為安全」的小世界裡說：「做大人實在沒有意思，如果可以不長大，我才不要長大呢！」抱著「決不長大」的想法，怎麼能面對活潑多元的現實世界呢？

人生就是發展自己的過程，如果你斬釘截鐵說這個你不學、那個你不幹，就會變得失落。相對的，如果你對現實的挑戰，扛起責任，認定捨我其誰，那麼你會發現新天地，燃起鬥志和思考能力，創造一番新天地。

16 做獨立思考的人

每個人都必須抉擇，只要你有理性、肯面對真實作些思考，就不會作錯決定，一生都會問心無愧。

生活在這個資訊的時代，每天要接觸許許多多資訊，如果不能獨立思考，把事情弄清楚，很可能迷惘在諸多消息之中，被誤導而造成錯誤和損失，自己卻仍不自知。

《伊索寓言》中有一則故事，父子兩人一起趕一頭驢子到市集去賣。途中聽到有人說：「這兩個人真傻，不懂得舒舒服服地騎驢，只好自己走路。」父親覺得有道理，便和兒子一起騎驢而行。不久，又遇到另一個人說：「這兩個人真懶，騎在驢背上，都快把牲口壓垮了，沒有人會買他們的驢子。」他們覺得這樣說也有道理，左右為難。最後父子兩人商量的結果，決定綁起驢子的四條腿，一起抬著走。結果他們不但扛得很累，驢子也痛苦地掙扎，所以當過橋時，驢子掙脫繩索而墜入河裡淹死了。

這則寓言是很具啟發性的。缺乏獨立思考的能力，是盲目危險的。尤其目前的社會氛圍，對公共事務缺乏深入思考的能力，只要聽到有人振臂疾呼，說這道那，就跟著呼應，很難透過溝通和面對真實，找出最好的答案或決策。跟自己某一意見相符的，就是同一陣營；只要同一陣營，所有的意見都是對的，做什麼都是好的。跟自己意見相反的，就叫反對陣營；他們所提的意見，可以不假思索，全盤予以否定。

正反意見兩方用許多資訊模糊焦點，不斷的激化和挑釁，置理性思考於不顧。於是族群的融合有撕裂的危險，民主的真諦有被踐踏的危機，安定的社會結構有鬆動之虞。這不是一人或一黨的事，而是每個人都該負起責任，凡事想清楚再表達，想清楚再行動。

國家社會是一個生命共同體，理性思考是它的靈魂，彼此互愛就是它壯碩的身心。每個人都是共同體的一部份，你不能不對它負起責任。

獨立思考也是個人生活的重要憑藉。社會變遷快速，生活緊張，惶惑不安，我們不是習慣了就好，這就像是鍋子裡慢慢加溫的青蛙，最後會不自覺地葬身在滾燙的熱水裡。我們要學習清楚的思考，明辨對錯，抉擇才不會偏差。生活不順心，不能把氣發在家人或週遭朋友的身上；你的工作有困難，不可以找藉口說運氣不佳，就想逃避了事。只要不肯用心思考，不願面對真實，就可能被一時的假象蒙蔽。不久，原來的問題，終究變本加厲，向你討索。

每個人都必須作出許多抉擇，包括你要不要瞞著配偶，來一段露水姻緣；要不要把多出來的帳款，挪進自己的荷包；撿到一筆鉅款沒人知曉，要不要把它吞沒；雖然業績是屬下的功勞，該不該據為己有等等。只要你有理性、肯面對真實作些思考，就不會作錯決定，一生都會問心無愧。

生命從生到死，是一個從實現到驗收的過程。你作了些什麼，結果如何，並非那麼重要，重點在行動之前是否問心無愧地思考過，而且是理性的思考。

17

適時鼓舞別人

學習得體的說出鼓舞人的話，具有振作精神和情緒治療的作用。它使人際溫馨、信心增長，並創造彼此合作和扶持的情誼。

語言可以貶抑人，也可以鼓舞人。好的語言簡直是人類精神的糧食，它傳遞真理和感情，給人啟發和鼓勵。它是生命力的一部份。有些人語中帶刺，慣於傷害別人，自己卻不自知，久之他沒有朋友，也沒有溫暖。有些人懂得鼓舞人，即使意見不同，仍能欣賞他人值得肯定的部份。

一位退休的朋友說：「自從離開工作崗位，苦悶無聊的情緒，漸漸襲上心頭。我感到孤獨，無足輕重，好像被大家遺忘似的。偶然間，收到一位年輕朋友的來信，告訴我他已調任新職，並表達懷念過去同事之誼和溫馨的辦公室氣氛，感謝我對他的指導，以及掛在臉上的微笑。」

他越說越高興，消沉和絕望消失殆盡：「有人懷念我，有人感激過往那些不過是舉手之勞的協助，這比醫生開給我的提振情緒藥物還有效。」

我深信鼓舞人的話，具有振作精神和情緒治療的作用。它不只對退休老人有用，對自己的父母、配偶和子女，乃至對朋友或週遭的人，都會發生驚人的積極效用。

不過，儘管你滿溢感激情懷或欣賞別人的表現，但是如果你並未表達出來，別人又怎麼能得知你對他的懷念、感恩、欣賞和肯定呢？所以，每個人都該學習適時說出鼓舞別人的話。它使人際溫馨、信心增長，並創造彼此合作和扶持的情誼。

人生無論在哪個年齡或階段，都需要別人的愛和賞識，才能生活得愉快，才有力氣去承擔生活和工作的負荷。每一個孩子的才能和品行，都是老師和父母賞識出來的。人在求學的時候，需要老師的賞識和肯定；每一個學生做完功課時，都希望別人看出他表現亮麗的地方，並親耳聽到欣賞的詞彙。

一位甫踏入社會的新鮮人，在他戰戰兢兢摸索工作竅門時，別人對他的慰語嘉勉，是多麼重要啊！因此，如果你是老經驗，請多欣賞新來的菜鳥；當你是主管，那更要肯定部屬的努力。

當然，我們不能假惺惺、言不由衷地讚美別人。它一旦被發現，對彼此都沒有好處。因為那會動搖互信的基礎。所以你不能永遠想當好人，有時也該作些正確、有益的建議或指導。這時你要平實的說出看法來，沒有輕視和取笑，而是先肯定值得讚美的優點，再巧妙地提出改進的建議。這種建言通常會被禮貌的接受，並心生感激。

我們要鼓舞別人，也要懂得鼓舞自己。謙和的說出得意之作，與家人分享，與親近的朋友分享，那也是生命中璀璨愉悅的一刻，是鼓舞自己的好方式。

學習得體的說出鼓舞人的話，會令生活變得有光、有熱，能夠潤澤生命的內涵。

18 冒險才有豐收

安全教育是教學生懂得保護自己，以便更有能力去冒險成長，因為不肯冒險比冒險更為可怕，終會成為故步自封的人。

生命是在冒險中圖存，在冒險中學習和成長。冒險需要勇氣和智慧，能看清該懼怕的事物，謹慎地克服它，是冒險行動的真實寫照。

勇於冒險嘗試的人，信心漸漸增加，累積的經驗和知識像雪球一樣越滾越大。他們不怕困難和生疏，因為他們慣於嘗試，學會如何應對，心情也比較篤定。

許多人在父母長期的照顧呵護下，沒機會冒險嘗試去做該做的事。加上看了太多負面的社會新聞，以及安全教育的種種提醒，無論他們想做任何事情，都會有一種焦慮和不安。結果在生涯上不敢放手努力，對於日常生活事務，更是畏首畏尾，許多發展的機會都任令悄悄地流逝。

誠如心理分析學派宗師佛洛伊德（Sigmund Freud）所說：「懼怕是阻斷你通往大千世界的門。」人不敢冒險，是因為被懼怕所困。焦慮和懼怕使他們把冒險想像得非常可怕，處處拘泥，連表達意見、交朋友，乃至獨自購物辦事都有困難。最後會變成一個故步自封的人。

不肯冒險會把生命封鎖在一個洞穴般的小世界裡，它使生命僵固在那兒，失去活力，失去果斷行動的力量。所以，不肯冒險比冒險更為可怕。

我年輕時認識一個鄉下的長工，才比我大幾歲，但體魄卻比我強壯許多。我們因為批購水果，經常碰面。我鼓勵他一起去做生意，他告訴我：「那太冒險！虧本怎麼辦？」我邀他到台北打工，他說：「台北人生地不熟，太冒險！」他活在怕冒險的觀念裡，一直走不出來，直到年老還是當長工。

在一九五〇年代，台灣的腳踏車剛普及，一位五十歲的婦女，冒險學習騎腳踏車，不管鄉下人怎麼指指點點，說：「女人怎麼可以騎鐵馬！」她還是學會腳踏車，能載一百多斤的農產品到市場出售。我小時候很佩服她，更欣賞她那信心滿滿騎著腳踏車在路上馳行的風采。

不錯，冒險去做些自己該做的事，其間或許經歷困難與危險，但吶喊著「老女人！騎腳踏車危險」的人，卻在門口滑了跤，跌斷腕骨。另一位潑冷水取笑騎腳踏車失禮數的人，因為沒有機會接觸外頭的進步和新知，顯得無知和抑鬱。想起這些往事，我不禁要說，不冒險付出的代價，比冒險要來得多。

學校裡推動安全教育，是教學生懂得保護自己，以便更有能力去冒險成長，而不是用警告和恐嚇，壓抑孩子冒險的天性。教育要教的是怎麼冒險，而非不去冒險。

依據我的研究觀察，那些懂得冒險的人，每天都有新的奇遇和豐收，他們的生命有較多的發揮和可能性。我深信生命的真諦不是求安全，而是求活潑的生趣。

19

及時補救錯誤

人不怕犯錯，怕錯反而躊躇不前，但犯了錯就得及時亡羊補牢，從中汲取教訓。犯錯不是道歉了事，而是要彌補造成的損害。

生命在不斷學習中成長和繁衍。學習當然要透過觀察、記憶和比較，把事情弄清楚，知道怎麼回應和調適生活。但無論如何，生命總要面對諸多挑戰和嘗試錯誤。於是，誰懂得亡羊補牢，及時察覺挽救，誰就是生活的贏家。

人免不了犯錯，有些人懵懵懂懂，得過且過的度日，看不見改過的契機；有些人碰到失誤，卻反應過當或張皇失措，坐失彌補的機會。其實，犯錯時最重要的事，是保持自己和相關人員的冷靜，把事情看清楚，面對真實，解決問題。掩飾和逃避責任，甚至找藉口當下台階，都會影響正確的回應。

一位外國傳教士，在台北穿越人行道時搶了黃燈，被一位騎機車的學生撞個正著。傳教士受了重傷，送到醫院療傷時，卻沒有責怪學生車速太快，而頻頻關心肇事學生是否受傷。他和夫人承認錯在自己，放棄請求賠償醫療費用。這樣的態度，是一種補救錯誤的正向思考，也是一種高貴的品德情操。

犯錯時要誠心尋求處理事情的合理辦法，千萬不要衝動。人很可能在談判和磋商時說錯了話，刺傷對方，造成彼此的僵局。如果你死不認錯，又補上一句：「我這樣說你有什麼不對！」那麼雙方的談判和磋商，便無法進行。如果你誠心表示自己一時口誤，並解釋沒有輕視對方的意思，彼此還是可以繼續溝通。

人要學會對自己所犯的錯誤表達歉意。比如在家庭生活中，孩子忙著準備社團活動，星期假日一骨碌往外跑，父親可能錯怪他心浮氣躁，於是孩子因受到冤枉而情急頂撞。孩子對長輩惡言相向是錯的，事後應及時向父親認錯，解釋自己受到委屈的事。相對的，父親在了解之後，也要真心道歉。大部份的人都是明白事理的，只要肯承認錯誤，都會受到寬恕，而放下彼此緊張的心情。

向別人道歉，加以解釋，表示自己並沒有惡意，是可以被接受的。如果道歉是在找藉口推卸責任，則發生不了彌補作用。但透過善意的解釋，找個讓雙方都容易下台的方式，好明白這只是無心之過，以後不會再犯，那就能讓雙方接受。

還有一個重要觀念：犯錯不是道歉了事，而是要彌補造成的損害。你傷了他人的情誼時，就得禮貌地表示慰問；你造成別人的損失，就得有誠意賠償。此外，對於業務或行為的過失，應及時重新檢討，避免再犯，勇於改進。想出一套新的系統或作法，防止錯誤再次發生，並解決眼前的問題。這對於上班族而言，尤其重要，因為你肯這麼做，才能補救上司對你的信任。

人不怕犯錯，怕錯反而躊躇不前，但犯了錯，就得及時亡羊補牢，從中汲取教訓。至於犯錯後的懊悔，以及存心掩飾和規避責任，不但無法成長，同時也是品格上的污點與敗壞。我多年來的研究觀察，發現生命的光輝，總是圍繞在知過能改者的身上。

20 努力做該做的事

容易走的路絕大部份是下坡路，甚至可能是絕路。
我們每天都有非做不可的事，惟及時努力，就會有成果。

你認為應該做的事，無論是求知、工作或人情世故，都要不畏艱難去做。心理學家威廉・詹姆斯（William James）曾說：「你應勉強自己去做該做但不想做的事。」那些該做的事通常很重要，你不想做是因為艱難而生畏，或者由於懶散。如果你振作起來，把它做好，對你有積極的作用。它不但能解除壓力，而且能增加能力、信心和學識。

及時去做該做的事，學習該學的新知，是個人進步向上及維持心理健康之道。反之推拖拉的習慣，不但難題不會自動消失，而且會越積越多，令你心神不安，望之興嘆。拖延或逃避是最容易的事，但也最容易造成可怕的後果。請注意！容易走的路絕大部份是下坡路，甚至可能是絕路。

我觀察學生的學習行為，發現放學之後，能及時把功課做完，再玩電玩、看電視的孩子，他們的成績好，得到的肯定和鼓勵多，自尊也比較健康。他們容易發展出主動和有效的做事習慣，這些特質帶領他們步向積極能幹的人生。

在成人的世界裡，優秀的專業人士或事業有成的人，也都有著及時行動的習慣。秀真就是一位劍及履及的人。有一年的春天，我好幾次自言自語：「書房的冷氣太老舊了，得趕快找時間更換，如果等到夏天來臨，大家搶著裝置或維修冷氣，可能要大排長龍哪！」沒過幾天，發現冷氣已經更新，實在令人高興又感動。她平常在高雄上班，只有週末才回來，可是她利用我週末到南部演講的空檔，以迅雷不及掩耳的速度把冷氣機換新，還把書房作了整理，真是教人衷心佩服。

此外，每天要及時做點困難的事，也是重要的生活修持。早晨我經常到山上運動散步，總會碰上一位行動稍緩的老人，他的精神狀況良好，兩眼灼然有神。我讚美他的運動精神，他告訴我：「我已漸漸衰老，要走上山來雖有些吃力，但從年輕到現在，每天總要做點困難的事，這樣令我精神振作。」神經心理學家告訴我們，無論男女老幼，每天學習一些有難度的東西，會令你振作，令你充實，腦力和思考力都會提升。

我們每天都有非做不可的事，對這些事，不管是難是易，你想幹或不想幹，建議你及時去做，就會精神愉快，工作效能提高。及時努力，就會有成果。

21 能幹的秘訣

能幹的人凡事不是先安排工作，而是先安排時間。你鎖定要跟他學習的人越是能幹，你學到的本事也越多。

每個人都希望自己能幹。能幹的人成就多，做事有效率，受到別人的肯定和尊重。最重要的是，能幹的人受到上司賞識，有機會施展抱負。

能幹是學習來的，不是天生的。一般人都具有其特有的智慧，只要依自己的性向，學習必須的能力和知識，就可以變得能幹。人不可能樣樣都行，只要在某個領域上，用心學習，多些歷練和經驗，就能一展長才。

能幹的人不但精於他的專業，而且有廣博的知識和能力，你說他們多才多藝，有能力解決許多問題，真不為過。他們為什麼有那麼多能耐呢？答案很簡單，都是一點一滴學來的。

無論你要學習什麼，都離不開兩個要領。其一是開始，其二是持續練習。俗語說得好，「好的開始是成功的一半」。開始的要領也很簡單，那就是勇敢的投身其中，努力行動，就像初次學游泳，你必須勇敢的跳下水才行。

前英國首相邱吉爾（Winston Churchill）到四十歲時，想學繪畫。他回憶當時的情景：「在朋友的畫室裡，我拿著畫筆，小心翼翼地調了顏料，然後戰戰兢兢地畫了豌豆一般大小的小點。就在這時，畫家朋友的夫人推門進來，看到我拘謹的樣子，便叫道：『你在遲疑什麼呢？』」於是他拿起畫筆，在畫布上大剌剌地畫了幾筆。霎時，他的膽怯消除了，開始大膽地作畫起來。邱吉爾後來告訴人家：「開始學習東西，膽子要大，是重要的秘訣。」

學習的第二個要領是持續的練習。練習千萬不能操之過急，重要的是持之以恆，不要間斷，而不是暴飲暴食式的練習。急功近利的方式，往往帶來挫折感。他們的藉口是「我學不來」、「我沒有這個天份」。

學習各類本領，除了耐心練習之外，一定要向比你強的人學習，那才會進步。每一個行業都有高手，你要看他們怎麼辦事，跟他們切磋。你可以投身麾下，接受他的領導，而汲取經驗和處事方法；也可以跟你的同行競爭，向他看齊，又要琢磨學習，設法勝過他。你鎖定要跟他學習的人越是能幹，你學到的本事也越多。

能幹的人精於安排時間。他們排出精神旺盛、注意力最專注的時間，處理重要的事務。因此，你會發現他們思考敏銳，反應精明，對事情的掌控和判斷俱佳。請掌握一項要訣：能幹的人凡事不是先安排工作，而是先安排時間。學校裡表現傑出的學生，讀書的時間安排，也都放在精神最佳的時段。

每個人精神最佳的時間不一樣，工作的性質也不相同。有些人喜歡把吃重的工作安排在早上，有些人則留在下午處理。有些人夜裡文思泉湧，有些人在充分休息後最能振筆疾書。你要想能幹的做事，就得找出你的最佳工作時段。

最後，我要指出一個能幹者的秘密：他們總是目標高懸，朝著目標築夢，用目標來鼓舞自己。隨著劍及履及，和目標視野的逐漸加大，也越來越能幹。

22

生活的執與放

人生有得有失，有時成功，也不免挫敗；
既要懂得珍惜成功的喜悅，也要能面對失敗，保持坦蕩寬闊的胸襟。

生活之道就在執與放之間。有時你必須把握機會，牢牢緊握住它；有時則該放手，才能維持心胸的開朗悠閒。生活之中有些該執，有些該放，生命就在執與放之間，表現出它的藝術。

我們該緊緊把握生命，珍惜它，享有它的活潑、喜樂、成長和美好。要把生活當目標，要在生活中孕育活力，培養見識和智慧，讓生活變得幸福美好。只要保持健康，生命所接觸到的，無處不是美好。週遭的山河大地是壯麗的，一抹斜陽和清新的晨景是美好的，友誼和彼此的互愛是溫馨的。光是眼能看，就有「目遇之而成色」的雀躍；耳能聽，就有「耳聞之而成聲」的享受；只要你去愛，就有享用不完的溫心和感動，這些是我們要把握和緊執的生命獻禮。

一個陽光和煦的春天，我踏著週末悠閒的步伐，登臨景美的郊山。在高崗上遇到一對年輕夫婦，帶著大約國小中年級的兩個小孩。他們在樹蔭下眺望台北市全景，欣賞蜿蜒如帶的新店溪，陶醉在鳥語花香的春郊裡。一家四口輪流使用望遠鏡，仔細欣賞，專心觀察。他們讚口不絕，時而遠眺，時而觀賞啁啾不絕的群鳥。我聽到孩子說：「媽媽！現在我好高興，好幸福喔！」孩子們天真爛漫，很容易掌握當下的生活。但我也聽到媽媽在一旁開心的回應著：「我一樣快樂，樂到想躺在這裡，讓春天抱著我入睡。」我靜靜聽他們的交談，充滿純真、美感和溫愛，也神往融入他們的快樂氣氛之中。這是一個能把握生命、珍惜生活的家庭。他們是幸福的，生活中有愛、學習和快樂。

為了生活我們必須勤奮的工作，但我們不能握得太緊，工作過勞，以致錯過人生美妙和絢爛的時候。我們也不能過度執著，得失心太重，讓煩惱折損生命的光彩。每個人的一生，都免不了有傷痛、違逆和失意，要學會放下，懂得寬恕自己和別人。

人生總是有得有失，我們得到一些福蔭，也不免會失去擁有的東西。有時成功，有時挫敗；既要懂得珍惜成功的喜悅，也要能面對失敗，保持坦蕩寬闊的胸襟。一位失戀的年輕人，在哭乾了眼淚之後，重新面對生活。他說：「失去珍貴的戀情是痛苦的，但在傷痛之後，拭乾淚水的同時，也讓我看清那份溫馨的回憶已經不存在。我只好放下它，沒有嫉恨，也不再沮喪。」

生命過程中免不了疾病、衰老和死亡。我們相信愛與智慧的精神力量將亙古長存，但有限的生命終有盡時。我們知道努力和創造，享有美好的生活態度，並讓生命延續。

人要把握時光創造自己的一生，但不要浪費太多生命去積聚終將化為塵土的東西。要沃壯自己的永生，讓自己活得快樂、有意義和有價值，不要為得失和虛榮曠費心神。

23 隨時準備應變

危機隨時會出現，對付危機的技巧，人人都用得著。基本原則包括預作籌畫，看清楚再行動；尋求援助，相信會否極泰來。

生命隨時都要接受生存環境的挑戰，危機隨時可能發生，必須作好應變的準備。有些人具備危機意識，當它出現時，力圖鎮定，因應得宜，而能保住生命，挽回幸福的人生。

多年前，我參與推廣安全教育工作，研習課程中，特別邀請消防人員為大家解說火災時逃生的關鍵。他說：「對火警早有準備的人，失火時逃過大難的機會，要比沒有準備的人高出許多。」他記得有一次，幾棟木造房子突然陷入火海，消防人員抵達火場時，已經一片混亂。大家看著熊熊烈火吞噬著那棟房子，認為那戶人家恐怕都已葬身火窟。但出人意表的是他們全家人，都有驚無險的逃了出來。他們站在路邊，告訴消防員：「我們都逃出來了！我們都逃出來了！」後來，屋主告訴消防人員：「孩子從學校習得防火安全知識，回家提議說，我們住的是木造屋，要訂個火災逃生計畫。就這樣家人作了演練，而挽救了性命。」

在我們的生存環境中，有各種可能的意外、危機和突如其來的損失，只要你肯預作籌畫，就能應對裕如。對生活中的危機預作準備並不困難，只要你先有打算，想想最壞的時候，自己該怎麼應付。比如說你出外旅行投宿旅館，應具備逃生知識，事先了解逃生路線等等。對可能的危機預作準備，並不會很費事，有些只要你去買個保險，如疾病險、失業險、壽險等等，在關鍵時刻，都能產生救急的功效。

危機隨時都會出現，對付危機的技巧，人人都用得著。因此，歸納危機處理專家們的意見，可以得到以下基本原則：預作籌畫，看清楚再行動，尋求援助，行動要盡全力，不可因小失大，相信否極泰來。

當我們碰到危急的時候，大部份的人會吶喊著：「別只光站著！快採取行動！」這種想法會急中生錯。正確的態度應該是提醒自己：「別急！讓我看清楚！」有一次，一個車禍的現場，斷落一條高壓電線，任何人碰到都要喪命的。救護人員的眼睛雪亮，他們發現了，請電力公司處理，再作救援，否則救援任務恐怕反而引起更多傷亡。

面對意外危機，要盡可能求援。獨自應付危機，勢單力薄，不但控制不了危機，還會延宕救援，造成災害擴大。心理生活上的危機，諸如想尋短或看不開等，無論是感情因素或失業的困境，當事人如果不開口求助，便很難把危險化解。吸毒或酗酒的人，也必須在專門機構協助下，才能成功戒除。此外，危機出現時，不可以因小失大，許多人喪命火場的原因，是跑回去搶救財物，才釀成悲劇。

危機應變之後，要有否極泰來的信心。無論是意外造成傷殘、婚姻失敗、人際衝突、失業等等，都必須有復原計畫。要相信挨過變局和困境之後，會有新機等在後頭。我相信危機就是轉機，只要願意克服困難，光亮的晨曦，將跟隨著黑夜之後，出現在自己的眼前。

24 珍惜生活雅事

在生活中加上少許隨心所欲的雅事，能沖淡忙碌緊張的工作，給生命的畫布留白，讓人生這幅畫作更具藝術之美。

生命是嚴肅的，但也必須是優雅的。要緊張圖存，但也要有浪漫清閒的自娛。所以每個人除了勤奮工作、努力學習和成長之外，要做一點隨心所欲的雅事。它使生活變得有情趣，焦慮煩惱得以紓解，心靈生活得到充實。

因此，每天要抽出一點空閒，讓雅興能心血來潮，想做什麼就去做，隨心所欲。隨興和朋友聊幾句，欣賞他的能力和優點，讚美值得稱道的表現，嚴肅的空氣會變得輕鬆，彼此的感情變得親切。你在欣賞和讚美別人之時，也得到歡喜。

你可以隨興讀幾則詩或詞，隨心哼一首曲子，悠閒慵懶地品啜一杯熱茶，或者走到窗旁，眺望遠山浮雲。做一點不屬於功利價值的雅事，能讓心情輕鬆下來，腦子得到清醒，生活的步調不致太緊湊。尤其是忙碌的現代人，做點這些不急之務，對身心的幫助會很大。

我請教過許多人，問他們每天做些什麼賞心悅目的事，來調整自己的生活步調。大部份的人都說沒有，他們以「忙碌」為由居多，其次是「沒有這種奢侈的雅興」。這些人情緒比較焦躁、防衛性強，說話較多侵犯的口氣。顯然生活中缺乏雅興的人，緊張和壓力較高，容易發脾氣，與旁人起衝突。

有一次我請問一位正值壯年的泥水工：「生活中有些什麼雅事，可以讓你辛苦工作一天後，得到放鬆或喜悅？」他說最愉悅的事就是逗著孫子玩：「念幼稚園的孫子，天真可愛，光是那對無邪的明眸，瞪著你說話，就讓人開心快樂。」另一位電子工程師則說：「在忙碌的工程生活中，只要有空就會拿起筆塗鴉，隨興畫點什麼，有時候簡單的幾筆，就能傳神自娛。」訪問一對老農夫婦，他們說：「務農就是一年到頭都得胼手胝足的工作，但在一天之中，最令我快樂的事是，晚飯之後兩人在門前閒坐，沏一壺茶，陪著悠閒的大地進入夜間的安寧。」這對老夫婦的子女，都已離家到城市上班，週末才會回來探望他們。乍看他們好像辛勤寂寞，但他們卻對自己享有悠閒，感到莫大的安慰。

我也喜歡在忙碌的生活中，加上少許隨心所欲的雅事。秀真總愛邀我飯後到公園散步，有時我們閒談，有時我們賞月觀星，有時我們坐在石凳上，聆聽寂靜無聲的樂章。我們會抽空讀詩，欣賞元曲，或者讀一段發人深省的文章，或者一起輕鬆的閒聊、品茗。這些雅事，沖淡忙碌緊張的工作，它給生命的畫布留白，讓人生這幅畫作更具藝術之美。

我建議每個人每天至少要做一件雅事，隨心所欲的做，沒有功利心的夾雜，無論做什麼，都會讓你賞心悅目。這點小小的生活安排，能令生活充實，工作的效率更加提高。

25 做事忙中有序

遇到繁忙瑣事，心亂如麻的人治絲益棼，解決問題的效能低；懂得安排工作順序，培養預作準備的習慣，凡事都可以順利完成。

許多人覺得工作太忙，瑣事家務事糾雜，常因為做不完而心急如焚，這會對你的身心健康造成影響。心理學研究指出，長期緊張和焦慮，腎上腺受到交感神經的刺激，會產生壓力激素（腎上腺素）及糖皮質素，如果壓力沒有解除，長此以往，可能造成高血壓、心臟病和消化系統等方面的毛病。

我長期觀察一般人應付繁忙的方式，發現有些人一遇到許多事積在一起的處境，便心亂如麻，如無頭蒼蠅，急得抱怨而不能專注；其承受的壓力大，但解決問題的效能低。另外有些人，他們會安靜的坐下來，安排工作的順序，一件一件的做好它；不但心情篤定，每完成一件事，都有一些減輕負擔的喜悅。

幾年前曾有一個星期，我感到無比緊張和煩亂，因為有幾篇文稿同時到期，當週又排了幾個演講。「我真的快當機了！這麼多事怎麼做得完，而且都是急事。」我向秀真訴苦。她告訴我說：「既然都是急事，坐下來隨便挑一件，著手做下去，心情就不一樣了。」這個建議果然管用，我做完第一件事，心情就放鬆許多。

處理繁忙的事，她真有一套。她下班回來，只稍半個小時，幾道菜便香噴噴的擺上桌子，色香味都好，家人享用得高高興興。她不在家時，換我掌廚，情況就掃興了。我可能要花上一個鐘頭，費了很大的功夫張羅，才弄出點東西來，而先做的菜早就冷了。我請教她是怎麼做到的，她說：「作菜一定要快，家人嗷嗷待哺，慢了就掃興。所以要預為安排，冰箱裡有什麼材料得記清楚，要配成什麼菜早有盤算。有些材料在空閒時可以先處理好，屆時加熱就可以成佳餚。」

我相信克服忙碌的最佳方法，是預作安排，事前有所準備，屆時順手拈來，自然順利完成。

有些人忙得很有效率，還有時間悠遊休息。有些人因為手忙腳亂，虛張了忙碌的嚴重性，反而帶來情緒緊張，影響身心健康。關鍵是靜下心來，一步一步的做；培養預作準備的習慣，凡事可以順利完成。

人不可能無限制地增加負擔，因此要明快拒絕不必要的應酬或瑣事。你的業務如果太忙，必須透過分工合作來解決；在企業的經營上，則可採取分層負責的策略；在關鍵時刻，你也要懂得取捨。一位先生經營一家貿易公司，同時發展文教事業，擔任負責人，後來業務和工作量快速增加，連回家和孩子一起吃飯的時間都抽不出來，壓力越來越大。於是他作了抉擇，商請別人接替他的文教事業。

繁忙的人最忌諱做事要求完美。要求十全十美的人，花太多時間在細瑣的事情上，不但耗時費力，還造成許多延宕。忙不完的事，別怕向人求助，請人幫忙。只要稍作安排，你的家人親友，都能為你分擔許多事。

人不怕忙，只要你忙中有序，胸有成竹，知道怎麼去應付，就不會陷入情緒緊張和舉止失措的地步。生命要多采多姿，就不免忙碌些，只要不過份，何妨高興面對它。

26 保持童心

成人在生活和工作上，最需要的就是好奇和想像，多接觸兒童，欣賞和同理他們的好奇和想像，就能受到他們的感染。

兒童對生命是熱忱的，對週遭的人、事、物總抱持天真開放的心。他們不用知識和成見來看人，而用心靈來看人；他們對生命開放，對生活有興致。人如果能保持童心，必能在生活中加入快樂、純真、信任和友愛的態度。

兒童是純真快樂的，心理上很少對人產生防衛。他們願敞開自己，接納新鮮事物，與他人分享自己的快樂和發現。成人之中，仍然保有純真快樂的人，別人比較願意接近他，和他交談，人際氣氛和自在感隨之增加。因此，在工作表現上，業績較佳的職員，保存了較多的童心。他們對於批評、指教，甚至是挑剔、比較沒有敵意，伙伴關係好，合作態度佳，工作表現傑出。

你是否也想保有童心的純真與快樂呢？如果你虛心向兒童學習，從他們的行為中得到感染，就會有所領悟。

有一次，我看到兩個小朋友，在公園裡玩滑板。他們技術半生不熟，雖玩得非常起勁，仍免不了失控而跌跌撞撞。一位提著公事包下班的成年人，站在那裡看了一會兒，忍不住把公事包放在一旁，走過去示範給他們看。不稍幾分鐘時間，大人已經跟孩子玩得不分軒輊。他們的語言相似，動作接近，彼此互動得非常開心。我發現真正受益的是那位上班族，他工作勞碌一整天，在下班之後，接受了童心的洗禮。他一定非常開心，而且塵勞盡除。

孩子的好奇心更令人激賞。如果你陪著兒童到郊外踏青，只要大人不干涉他們，不催促快走，好奇心很快便展現出來。他們不時觀察昆蟲野鳥，試探所發現的種種玄機，有述說不完的驚奇和疑問。童心很敏銳，很快被新奇的事物吸引，甚至積極探索。

大人經常抱著「陽光底下無新鮮事」的態度，孩子是在日常生活中找新鮮，有著無盡的好奇。他們勤於觀察、比較和探索，因此學習快速、思考活躍，有很豐富的想像力。成人在生活和工作上，最需要的就是好奇和想像，真該向兒童取經才對。

多接觸兒童，欣賞和同理他們的好奇和想像，就能受到他們的感染。孩子往往因特有的慧眼，能從一堆看似無用的廢物中，找到新奇的珍寶，並利用那些珍寶，創造傾心的玩具。大人若能虛心向他們學習，就能在生活和工作中，孕育寶貴的創意和新點子。

兒童傷心時就哭，但哭過了就放下它。他們堅持自己相信的，告訴你他所知所見，勇於面對真實。他們信任別人，容易對人推心置腹。兒童只有被大人教導之後，才慢慢學會嫉恨與內疚，知道提防別人和逃避面對真實。如果你想找回這些童心，面對真實，勇於信任，就該向兒童學習，他們的天真爛漫會感染你。

生命的活力來自童心，生命成長之後卻往往失去童心。我們必須設法保存它，才有喜樂、純真、友愛和好奇。然而這並非指回歸兒童的心智狀況，而是在生命的成長和發展中，不要失掉童心，因為童心中蘊藏著許多寶藏，讓我們快樂地生活，並找到幸福。

27 做自己真好

學做自己，最重要的是真實。
找到自己，喜歡自己，
而且很自然地表達自己，去走該走的人生路。

這世上只有一個你，無論你長得怎樣，性向和能力如何，你注定要用你所擁有的現實，好好過生活。如果你不願意做自己，硬是要把自己變成別人，到頭來是「捨己之田不耘，而耘人之田」，你的一生將空無所獲，而且會踐踏自己，貶抑自尊。

生涯心理學者莉拉・施薇兒（Lila Swell）說：「你之所以為你是好的，我之所以為我是好的。」老實做自己，發揮才能，從事有意義的事；依自己的現實，巧妙安排生活，這才叫珍惜生命，懂得人生。

老實做自己的人，生活品質好，有較多的愉悅。他們了解自己，接納自己，努力去實現其人生，所以他們的生涯比較成功，做事也比較踏實。他們有較多純真之情和率真的態度，他們在身、心、靈三方面，顯然發展得比較好。

學做自己，最重要的是真實。你無須給自己加個好聽的頭銜，不必要在別人面前炫耀。你是什麼就是什麼，你儘管叫自己是農夫、工人、家庭主婦、教師、工程師等等，無論叫什麼，在生命世界裡都是珍貴的。問題在於你是否真為自己活出意義和價值。你無須為學習而自卑，無須為貧窮而自慚形穢，更無須語驚四座，引人側目。

生命是如此的自然。我們該珍惜自然的體態，無須崇尚奇形怪狀的造型；我們要保持簡樸，無須造作雍容華貴；我們該欣賞健康之美，而非把自己變成不堪風雨的瘦弱。這社會變得如此虛浮，是因為不相信自己本來美好，對流行趨之若鶩，從而否定和壓抑自己，而對心理健康造成打擊。

一位大學生因為成績不如自己的期許，認為同班的女友會看不起他，於是便鬧彆扭，吵著要分手，但又捨不得這份美好的感情，陷入焦慮和鬱卒的漩渦之中。他們一起來晤談時，女友說：「我喜歡他這個人，欣賞他的責任感，和對人的友愛，而不是要看他出類拔萃的成績。」這段話鏗鏘有聲，感動這個男生，我為之動容。這對情人在幾次晤談之後恢復舊好，心情也穩定下來。

這個個案，令我想起自己年輕時窮困的自卑感，我怕別人知道我窮，於是信心不足，不敢真正面對愛情。直到秀真對我說：「我欣賞的是你這個人，而不是富不富裕。」這才讓我釋懷。從那時候起，我找到自己，喜歡自己，而且很自然地表達自己，去走該走的人生路。

學做自己真好。但你得努力以赴，用自己手中的資糧去實現和成長，獲得信心和自尊，然後才辦得到。然而這並不是教人自戀，以為自己什麼都好，而是要人了解自己，接受自己，去過有價值的人生。

茫茫塵世裡，什麼是心靈生活的家呢？家就是你自己。請記得用自己的材料，構築安居的家。千萬不要落得居無定所、無處安身，那可是很悲慘的事。

28 婉拒與堅持

婉拒是遂行既定目標的有效方法，它可以減少不必要的煩惱。為了把重要的事做好，維持一貫的立場，你有說「不行」的權利。

當你專心做事時，朋友熱情邀你出遊；你忙著準備考試，同學卻來找你閒聊；你想利用假日陪伴家人，同事卻邀你打牌。這時，不懂得婉拒，沒有勇氣說一聲「不」字，你就不能堅持原訂目標，完成想做的事。

我們需要朋友，想保持情面，更會在被勸說時心動，改變既定的重要計畫，於是偏離了原訂目標。世上最難說出的話就是「不行」。朋友、同事和親人的要求，我們都很想答應，不過你該考慮，如果請求會打亂你的正事，令你分心和費神，那就要婉拒。

網路成迷的孩子，由於無法抗拒同學的邀約，從而放棄讀書和正常作息，最後無法自拔，成迷成癮。愛玩、四處遊蕩的青少年，由於不知婉拒，於是荒廢學業，天天結黨出遊，乃至墮落而為非作歹。成人的世界也一樣，那些無法自拔的賭徒、沉醉在燈紅酒綠的敗家子，都如出一轍地不知婉拒別人的邀約。

婉拒是遂行既定目標的有效方法，它可以減少不必要的煩惱。為了把重要的事做好，維持一貫的立場，你有說「不行」的權利。透過婉拒，你和朋友都不會難堪，也不會損及人情和面子。

婉拒別人的技巧在於，一定要恭維對方，維護他的情面。一位年輕人在結婚之後，想擺脫過去和朋友吃喝玩樂的習氣。經過一次晤談，他擬出婉拒的劇本，準備對他的朋友說：「跟你在一起，我非常開心。可惜我現在已有家室，很快就有孩子，我實在無法分身，你的美意我只能心領。」一位高三的學生，想婉拒玩伴放學後的邀請，他在晤談中擬出婉拒詞說：

「你的提議真好，不過現在恐怕不行，我必須全力以赴，準備眼前的升學考試。」

對於別人善意的建議，或者長官、老闆的交代事項，你覺得需要婉拒時，應採緩兵之計。你可以說：「我很想答應你，請你給我一點時間考慮」或者說「這件事容我研究一下」等等。

有些請求你辦不到，或者與己身行事風格相違，也可以直截了當以笑顏對他說：「對不起，這件事我辦不到。」「那天我就是不能來。」「這件事我愛莫能助。」對方在你婉拒時，有時會要你解釋原因。你要記得：除非你給的解釋無從辯駁，否則你還是不要解釋，只說「就是不行」，反而簡單多了。

拒絕子女不當請求，遠比拒絕別人要難，婉拒之道是說明原因，簡單說「不行」。為免陷入討價還價，還是直截了當說「不行」的好。

能夠說「不」的人，才有做正確抉擇的機會。有捨才能得，能婉拒別人，才能維護自己的價值、原則、目標和權益。婉拒別人並非不禮貌，而是要照顧自己和別人。

29 勇於面對困境

許多人容易對無可挽回的事起煩惱，習慣在煩惱上添加想像的不安，毫無建設性。生命的光輝應建立在面對現實和解決問題上。

人為了活下去，就得不斷面對困難，學習解決問題。因此不能怕苦，要有隨時應付危機和困境的心理準備。

生活在變遷快速的社會，沒有人能免於現實的挑戰，都要為自己的生活負起責任。因此不可能沒有愁苦，也不可能沒有壓力。不過，卻有許多人高唱不要有壓力，不要有煩惱，好像認為面對困難所作的努力，是不值得的。其實根據多年來的觀察，那些心理違常、情緒失調、甚至無法正常生活的人，往往是逃避責任和困難的結果。

當然，遭遇到能力和現實所不能承擔的打擊時，會受到創傷，也傾向逃避和退縮，甚至衍生心理症狀。但我們必須明白，積極面對問題，接受困難的鞭策，是發展長才、開拓成功人生的關鍵。

音樂家韓德爾（George Frideric Handel）曾經陷入生活的困境，他的歌劇院被迫關門，又負債累累，身心俱疲。他堅持作最大的努力，完成了神劇《彌賽亞》（*Messiah*）等不朽的樂曲。如果當時他逃避現實，陷入沮喪或無助，就可能悲鬱落魄以終。

人要有勇氣面對難關，也要有智慧不為無可挽回的事痛心不已，或者抱憾終身。我讀國小的時候，學校規定中秋節時，每個學生都要繳一個雞蛋勞軍。當時物資缺乏，蛋是很珍貴的食品，媽媽好不容易向鄰居借了一個雞蛋給我交差，沒想到我才剛拿到手，蛋不小心滑落在地上，破碎的蛋殼和稀泥般的蛋汁灑了一地，令我傷心無助地哭了起來。母親也愣在那裡，不過她沒有罵我，反而安慰我：「不要為無可挽回的事哭泣。」她接著說：「你能把跌破的蛋復原嗎？既然無法復原，哭和遺憾是沒有用的。這是一個教訓，要牢牢記得，不為無可挽回的事懊惱，才會有勇氣面對種種挑戰。」

在往後的歲月裡，每當我遭遇無法挽回的事，就會想起跌落地上的一灘破蛋。它提醒自己釋懷，不陷入無補於事的煩惱，從而也更能面對現實。

許多人容易對無可挽回的事起煩惱，習慣在煩惱上添加想像的不安，障蔽思路，帶來沉重的壓力，陷自己於狼狽不堪的境況，那真的不具建設性。

生命的光輝建立在面對現實和解決問題上。譴責自己的錯誤，悔恨一時的疏忽，並不能改變事實。生活的關鍵是看清問題，設法改進，這需要勇氣和智慧。因此，當你受制於沮喪和痛苦，並想對它採取行動時，要自問：「這樣做是否真的於事有益？」如果能訓練自己，在危機困難之際，能面對真實，而不逃避挑戰，那麼困境往往是生命活力的助緣。

人不可能事事順遂，更不可能沒有煩惱，所以你不可以把愁苦悶在心中，而是要鼓起勇氣，看清事實，化煩惱成為面對問題的智慧和勇氣。

30 腳踏實地生活

包容別人的價值觀，是人際的修養；
但自己的價值觀，則不能含糊或偏執。
你當然要選擇自己的生活態度，同時也要清醒面對。

有些人鄙視崇尚實利、熱中求取功名的人，他們會引用文章書籍、名言大論，佐證把生命耗在追逐名利和財富是不值得的。他們相信生命應該是恬淡、自然和喜悅，凡事無須太努力，輕鬆看開又何妨，與人無爭比較自在。

另一類的人則正好相反，他們嘲笑恬淡無為的人墮落，瞧不起他們沒有作為。他們相信功利價值，強調做人要出息、有志氣，做事千萬不可半途而廢。

在多元價值觀念齊鳴的現代社會裡，我們會說兩者各有千秋，都有道理：「每個人有權選擇自己的價值觀生活，互相尊重包容才是重要的！」這種態度看起來討喜又超然，用這種態度處事，看來好像可以息事寧人。但就你自己而言，就不得安寧了。因為你必須做個選擇，知道自己要怎麼生活才行。

你選擇什麼態度生活呢？如果選擇崇尚實利，努力不懈，那就請你留意，千萬不要努力過頭，否則就叫工作狂。工作狂會犧牲家庭、婚姻和子女，會忽視生活，忘了生活中悠閒的樂趣。追求實利並沒有錯，但是如果只看到實利，而看不到開闊優游的生命力，品味不到親情、友愛和興致、喜悅時，人就成為功利的奴隸。

執著功利的工作狂，為了追求而緊張、急躁，為了努力而犧牲健康，為了工作而忽略生活品質，為了名利而無視於生命，到頭來他們的心靈生病了，精神生活陷入困頓之中。成人在職場和生涯奮鬥上，容易犯這個錯誤；青少年在學校求學，為了成績、等第和升學，把自己變成拚命三郎。學習的樂趣、思考、創意和生活體驗漸漸隱退，身心緊繃得不到紓解，心智也就不能獲得充分的成長。即使完成大學學業，身體不夠健康、耐力不繼，而所學不能化為做人做事的能力，拚命的結果不一定是贏。

如果你選擇當一位恬淡的隱士，那也要有所覺察。隱士性格很容易在不自覺中，變成退縮、消沉和抑鬱。由於長期缺乏接受挑戰的刺激，心理動力活絡不起來，在碰到挫折時，很容易消沉、無助和沮喪。消極的逃避傾向，往往使一個人失去原來隱士生活的逍遙。

於是我要指出，對別人的價值觀採取包容的態度，是人際的修養；但對自己的價值觀，則不能含糊或偏執。你當然要選擇自己的生活態度，同時也要清醒面對。如果你是功利主義者，請不要以偏概全，還是要在功利價值之外，輔以恬淡、自然和柔美的心性調養。若你是隱士主義者，請不要執著在恬適無為之中，而要佐以積極精進，以及面對現實的努力。

生命的藝術，不是要我們服從某一個理念，而是運用它，在現實生活中，開展成功的人生。服膺某一種價值，充其量只是它的信徒或奴僕；運用它來創造生命的意義與價值，才是腳踏實地的生活。

31 過簡樸的生活

從容簡樸的生活態度，能深入生活底蘊，吸收到生活的精髓，在人生的步道上，走得沉穩，所以會有豐收和喜悅。

越是富裕的社會，人們的心靈生活越有可能貧窮困乏，甚至是一貧二白。生活在種種誘惑、追求和佔有的風氣下，會聲嘶力竭地追逐，以致忘掉生活的樂趣，造成心靈生活的貧乏，憂鬱的現代人正是這樣產生的。我相信只要肯過簡樸的生活，就能擺脫情緒困擾，紓解心理壓力，過成功喜悅的現代生活。

人生最大的財富應該是生命，而不是金錢或地位。為了追求名利，而忘掉生活樂趣，是痛苦的來源。那些懂得生活的人，即使經營龐大企業，每天忙著工作，他們還是以生活當作核心。他們的心靈恬淡，生活簡樸，因此，他們能夠灑脫的工作。簡樸的生活並非回歸田園，更非放棄世間的事務，而是抱持一種恬淡和簡單的生活態度。

簡樸的人生活罣礙少。他們已克服了恐懼，不再被面子糾纏，摒絕期待別人肯定或羨慕的需要。他成為一個自由人，能作自己的主人。生活簡樸，心思不煩，心情自然放鬆，就不會為了明天的佔有，而犧牲今天生活的美好；也不會為了太多顧忌，而失去輕鬆快樂的心情。簡樸的生活，就是要割捨，要去掉一些欲望，不讓自己負荷過重。

簡樸的人懂得淨化自己，不會把生命浪費在瑣碎紛繁的事上。他們心無旁騖，能作清醒的思考，開啟創意的心扉，接納自己的生活和工作。人如果不是為了面子和應酬，才跟別人接觸，就能真心相待，沒有疏離感。人若不別有居心，就能真情流露，表現出友誼和合作。簡樸的生活，能開展內心世界的純淨之美，它孕育出對生命的愛，也開啟你的生活智慧。

簡樸能讓生活過得充實，因為簡單的生活，令你無須假手他人，就能很快完成。你可以在工作之餘做家事、洗衣服和拖地板，它所需要的時間不多，卻給了你另類的休憩和成就感。你可以動手烹煮食物、調製飲料，從而得到自我肯定的喜悅。這些生活美味，對於把行程排得滿滿、回到家裡已經累垮了的人而言，是享受不到的。做直接與生活有關的事，就能體會自己真正在生活，生活也變得豐富有趣起來。

由於心靈的羈絆減少，生活簡樸的人比較能大膽嘗試其他事情。他們的視野擴大，經驗和見識增加，胸襟和耐性也逐漸擴充。簡樸的人勇於嘗試，所以機會較多；心思複雜的人，往往對新的挑戰，心生畏縮，而失去成長的機會。

我喜歡過簡樸的生活，它讓我心思敏捷，專心做事。它賜給我直接品觸生活的原味，每天都會豐收。它帶給我一步一步向前走的態度，在人生的步道上，走得沉穩，也發現許多賞心悅目的事。

從容簡樸的生活態度，能令人深入生活底蘊，吸收到生活的精髓，所以會有豐收和喜悅。請別忘了！要把繁複雜亂的瑣事和欲望摒除，用簡樸的心，才能以簡馭繁，成功地適應現代生活。

32 具備根本的品德

喜樂、愛、誠實、負責、勇氣和信仰，是根本的品德，因為它是人性的基礎，也是道德教育應該重視的基本要素。

生命必須適應生存的環境，而且要活得好，感受到豐富、有價值和幸福。然而，無論社會或自然環境，無時無刻不斷在改變，所以需要品德來維繫人我安寧，保持個人的精神力量，以便快樂勇敢的過一生，和諧與人相處，保持成功和學習，使生命得以圓滿走完全程。

有一次我在教師研習會上，對參加研習的老師們提出一個問題：「哪些是生命中最根本的品德？」我們透過腦力激盪的方式，在黑板上寫下密密麻麻的項目許多種，但是要找出「最根本的品德」卻有一些爭議。因為大家認為每一項品德都很重要，所以取捨困難。不過，最後我們還是得到一些共識：喜樂、愛、誠實、負責、勇氣和信仰，是根本的品德，因為它是人性的基礎。

「活著本身就令人開心，每個人都該體認到生的歡慶。」一位老師這麼說。「我們要學習兒童那樣自得其樂。但最好的辦法是，讓每個人的童年過得開心，喜歡生活中的一切。這樣的人，長大成年仍然會保有喜樂的童心。」另一位老師接著說。討論的結果是喜悅、樂觀和開朗的師長，會教出喜悅的學生。身教是關鍵的所在。

至於愛呢？有人說：「愛就是關心、支持和協助別人。」又有人說：「愛會來，愛也會逝去，但有愛心的人，心中有個太陽，不會失去溫暖。」另一位老師則說：「領受過愛的孩子，才會健康茁壯。他們有愛人的意向和行動能力。」然而我們的社會愛來得快，去得也快。在來與去之中，有著太多的衝突和敵意，所以愛很難根深柢固，烙進每個人的心窩。我們該在這個問題上，多加反省。

誠實就是能受人信賴的性格特質，「不互相撒謊，說什麼就做什麼，以真誠待人，並表現真摯的感情，便是誠實。」這位老師接著說：「唯有成人的世界，願意作出誠實的身教，孩子才學會誠實的品德。」另一位老師則說：「要教誨孩子犯過勇於承認。不過當孩子承認犯錯時，大人卻會責罰他，教育上的錯誤，使誠實無法真正生根。」

生命是一個冒險犯難的過程，沒有勇氣和責任心，就無法存續下去。

「孩子怎麼學習責任和勇敢呢？被信任和被愛的孩子就會勇敢，多些嘗試和歷練的學生就有承擔的氣度。」從研究觀察中發現，責任和勇氣是分不開的，兩者的結合，使生命變得充實自由，有更多選擇，活得多采多姿。

「不過，我認為一個人肯為別人設想，是仗義執言和英勇救難的動力，它就是生命的勇氣。」另一位老師作了補充。

最後是信念或信仰。「我們應該了解，信仰是精神力的來源，有信仰的人心裡不會覺得徬徨不安，有信仰的人清楚自己所當為。正確的信念與信仰使一個人過得堂堂正正。」另一位老師則說：「現代人的懷疑態度和過度功利的價值觀，使宗教信仰和倫理的信念，無法落地生根。該是我們重視宗教教育和道德教育的時候了。」

這些學養俱佳的老師，一起討論最根本的品德，讓我得到許多啟發。我相信他們所提出的五個要素，正是生命過程中最寶貴的品德和精神力。

33 行善帶來好運

行善能帶來快樂，主要在於它的主動性。
行善可以結緣，帶來和氣。
透過行善而互相支持和鼓勵，你會覺得充實和健康。

生命是在互助和互利中存在的，善行這種利他的表現，同時也是利己的福蔭。善行一直是人類文化傳承中，最珍貴的道德價值。

童年每逢夏夜在曬穀場乘涼時，祖母總要說說善行的重要，她相信善行可以帶來好運，它具有道德的神秘力量，能解厄消災，逢兇化吉。這樣的觀念，隨著我的成長歲月，無論在家庭或學校，師長總是耳提面命。記得在高中時，國文老師還多次詳述行善的「功德」。

每一次師長說到利他和行善，我總是被它的神秘性所吸引。尤其在宗教信仰上，行善是修持的功課，我當然要遵守和實踐。行諸長久，信心和自我功能慢慢提高，漸漸體會到它在精神生活上所綻放出來的影響力，心情顯得安定，心胸也比較開朗。它讓我健康、快樂、人和與安祥，無論生活或工作，總有著平順、水道渠成的信心和真實感。

首先，行善的人，由於幫助和體恤別人，同時也得到別人善意的感謝和喜愛，從而產生溫暖，有助於消除緊張，帶來鎮靜和快樂。行善帶來健康的自尊（healthy self-esteem），提高其肯定性，心境也較安寧。行善者的煩惱減少，作抉擇時比較清楚容易；他們心情愉悅，有益免疫系統的正常運作，許多研究已證實這個現象。

行善能帶來快樂，主要在於它的主動性。一個能主動關懷別人、伸出援手去幫助別人的人，容易從自我中心的態度中解放出來。人類心智成長的關鍵，在於克服自我中心；越能打破自我中心，就越能與人正確溝通，越能享受生命的喜悅，心境隨之寬闊。透過主動的助人行為，能發展出自在感，減少敵意、憤怒和挑釁的態度。

行善可以結緣，可以帶來和氣。你用慈悲和智慧來對待家人，家庭成員自然一團和氣；你用誠信和互利去工作、經營事業，業務發展的機緣也隨之增加；保持助人的態度，便有較多的友誼。人是群居互助的，天生需要互相依賴，助人所結下來的善緣，當然也會帶來好運。

你願意跟許多人結緣，社會關係密切，透過行善而互相支持和鼓勵，你會覺得充實和健康。於是，許多醫生都會給你忠告：經常運動、飲食均衡和做些利他的善行，是身心健康的重要法寶。

多年來我從事助人義工，已經成為生活的一部份。沒有期待回報，也不是要做給佛菩薩看，更不是累積往生資糧，只是單純這麼做，但卻有著喜悅的豐收。有人問我說：「究竟有什麼豐收，令你那麼喜悅？」我辭窮說不出來，勉強說一句：「你試試看，它也會帶給你好運。」

34 需要時我在場

在生命過程中，最重要的是互相關懷。人際關係的真諦是：「需要的時候，你們總是在場。」

生命的美和幸福感，來自感情和愛。固然我們不能忽視填飽肚子的民生問題，要有正當的職業，和施展自己的抱負，不過，生命中最幸福和珍貴的部份卻來自對它的感受。我們感受到互愛、彼此關懷和支持。

人的互相扶持和關心，能溫暖生命，能使人有勇氣活下去。透過情感的力量，生命才會迎向陽光，看出希望。於是，當你的親友需要你的時候，你要在場。你不一定能為他做什麼，只要你在場扶持和安慰他，你就做到生命之中最重要的事。

我在青少年時期，住家附近的村落，家家戶戶平時各忙自己的農事，但任何一家有事，親友鄰居都會過來關心。村子裡無論婚喪喜慶，總要過去「湊腳手」（關心和幫忙）。大家有個共同的信念：他需要時我在場。特別是有人往生的時候，更要到場。這不只是禮貌，而是做人必須的態度。

幾年前，一位很好的朋友突然心臟病發作往生了，秀真和我深夜冒著雨去看望他的家人。我們悄悄地走進去，站在門邊，不曉得該做什麼。眼看著朋友的夫人痛哭，周圍都是驚愕的親友，於是，秀真過去擁抱著她，我也很自然的坐在身邊，握著她的手。也許這就是一種扶持和力挺，沒有說什麼，每個人都湊過來抱在一起，就這樣緊密的依靠，使喪家和親友安定下來。她終於能強忍悲痛，面對現實，談好了料理後事，大家分頭去做。我們離開時，朋友的夫人說：「多謝你這時候來！」隨後，我們又去探望過幾次，或者透過電話安慰和支持，她每一次都說：「你來得正是時候！」

「需要的時候，你們總是在場。」

不只在受重創時需要你在場，在喜樂成功時，朋友也需要你在場，諸如結婚、事業開張、喬遷或喜獲麟兒等等。你因忙不能參加，也別忘了打個電話，寄個賀卡，表示你的關心和支持，但對於親近的親友，應儘量抽空到場。我有一位朋友，開了一個小店鋪，開幕的那天，我們全家過去為他祝賀。當天許多親友陸續趕到，雖然大家並沒有做什麼，只是帶來了祝福、溫馨和熱絡的人氣。後來，我收到他的謝卡，上面寫著：「那一天你們帶來無限祝福和信心，使商店充滿熱絡的氣氛和商機。謝謝！每當我最需要時，你們就會在場。」

家人需要你時，更要在場。有一次，我的孩子參加演講比賽，那天我原有要公不能去聽他的演講，他知道了不免失望。後來我還是排除困難，及時趕到，他喜出望外，對我說：「老爸！謝謝你來。」那一次，孩子表現得真好。

在生命過程中，最重要的是互相關懷。親友需要你時，你要在場；同袍需要關懷時，不要缺席。因為我們本來都是親友，都是遠親近鄰。生命有了愛、關懷和支持，才不會變得孤獨和寂寞；生命有人為你站台，才不會軟弱無力。

35 了解父母心聲

父母天生要當你的守護神，儘管他們所做的事，不是每件都順你心，但他們的愛不乾枯，為了子女從不畏懼。這是你該了解的。

生命來自愛，成長於愛，最後還是要回歸到愛。沒有愛就沒有生命。我相信父母的愛，是子女成長、身心健康之所繫。所以我寫了許多這方面的文章，闡述身教、有能力的愛和教導子女的方法。

在這裡則要提出為人子女的人，也應該了解父母親的苦心，接納他們的善意，並懂得對父母盡孝。你會以為行孝不是陳舊八股的觀念嗎？生命是一代傳一代的事，不肯事親以孝，就等於任令生命的果蒂發生問題。它會在潛意識裡形成無依和漂泊，好像找不到生命的源頭。

如果你能了解父母的心聲，就能領受更多的愛，更能和他們同理，而心存感激。最近訪談過許多家有青少年的父母，他們為了教導子女，而承受子女反彈的壓力，甚至感到痛苦和困擾。

一位上班族媽媽要對孩子說：「我愛你，所以要問你為什麼愁眉不展，你卻不理不睬，我好心疼。」一對父母想對孩子說：「我愛你，所以堅持要你做家事，收拾臥室的衣服。有時你反應乖張無禮，對我發脾氣，但我還是要堅持，我知道好習慣不是輕易養成的。」

另一位父親則說：「孩子！我真心愛護你，才要限制你上網的時間。整夜不眠的網路沉溺，不只傷害身心健康，也令人斷送前途。現在雖然你怒目頂撞，勉強接受我的規勸，但相信終有一天，你在受益之後，會明白我的用心。」

一位單親的媽媽說：「孩子！我真心愛你，並且希望兼顧父母雙重角色。有時候我放得寬鬆些，給你一些彈性；有時候我必須忍心拒絕不當的請求，即使你怨恨也在所不惜。你想出門，我要問你上哪兒？幾時回來？跟誰一起去？你會很煩，但這是家規，是我對你的愛和呵護。等你長大，你一定會明白，這就是愛。」

人到成年或中年，父母開始衰老。老化是生命的現象，力不從心和老之將至的無奈，使他們有些不安。尤其在退休後，他們變得孤單，體力不及往常，為人子女者未加體恤已經失責，更何況用頂撞的語氣相待，則情何以堪。年輕人應了解老年人的身心特質，提供養護和鼓勵，給他們安全感和尊嚴。如果不及時做這件盡孝的事，總會令人追悔。

子欲養而親不待，通常是在自己年老時，才會有的感嘆。請不要錯過好時光，兩代銜綿要靠溫馨的愛，才能接續得起來。如果你不及時把握，那個心靈上的斷層深壑，將是一個生命的難關。

請了解父母的心聲，他們天生要當你的守護神，所以無時無刻不擔憂你，不為你設想。他們所做的事，儘管不是每件都正確、都令你開心，但他們的愛不乾枯，為了子女從不畏懼。你對父母的感恩，正是別人也感恩你的起點，這就是生命美好而綿延不斷的真諦。

36 化敵意為友愛

真正的敵人很少，他之所以與你為敵，是因為你有敵意。對待面露不遜的人，仍然要保持禮貌和友愛。

一位喜好登山的朋友說他在暮春的黃昏，獨自一人登上台北郊山的山頂。他坐在山崗上，四顧無人，整暇眺望夕照餘暉；順手從背包裡取出野餐點心，一邊吃一邊欣賞美景，不覺陶醉在晚霞和美食之中。

霎時，或許因為食物的香味，引來了一群野狗。十幾隻狗把他團團圍住，一時他陷入恐慌，不知如何是好。他一輩子最怕的就是狗和蛇，眼前又只有自己一個人，一時間不知所措。然而眼前已無他途，只有面對，他力圖鎮定，捨下懼怕和敵意，改用愛的語言和牠們打交道，安撫其飢餓的情緒，並一點一點地把食物丟出去給狗兒分享。

他慢慢背上背包，移動身軀，手中拿著食物，一邊丟一邊對狗兒說著溫和的話語。終於走到比較安全的地方，再把裝食物的袋子放置在地上，告訴牠們：「沒有了，現在都吃光了。」然後站穩，跨步前行。那群野狗就停在那兒，沒有再跟隨他。

說完這個緊張故事，朋友對我說：「面對野生動物，若心存敵意，就會引來對峙；倘能保持友愛，彼此就不致陷入緊張。其實那群野狗，只不過是要分享食物而已，如果用敵意來驅趕牠們，可能就陷入一場無情的攻擊。」

我聽完他的經驗和感受，想起所謂「愛你的敵人」的主張，於是和他分享我知道的一個事件。我的一位遠親，花用畢生積蓄買了一塊地，才辦妥過戶手續，第一次巡視屬於自己的田園，就碰上惡鄰居。鄰人說：「我警告你，你買這塊地，跟我的糾紛就要沒完沒了。你的界址超過我這邊的土地有半尺之多，這種平白損失，我是不會善罷甘休的。」

這位遠親卻溫和的告訴他：「我打算到這裡來，是想有個好鄰居，結個好緣大家互助合作，這一點我一定要做到才行，請老兄幫忙。你可以照你的意思，把界址移過來半尺，這樣你滿意，我也高興。」後來，這個界址一直都沒有移動，也沒有起糾紛，這個鄰居對他一直很和善。

敵意是對立的根源。你的敵人或許現在微不足道，但用敵意激他，同他為難，可要花掉許多精神。你不要小看新來不討喜的工友，惹毛他可會變成一根釘刺；你也不要敵視老闆辦公室裡態度傲慢的女秘書，交惡之後，她會找機會扯你後腿。對待面露不遜的人，仍然要保持禮貌和友愛。

生活的藝術之一，就是要看清誰是敵人。真正的敵人很少，他之所以與你為敵，是因為你有敵意。尤其你該認識有一種人，他並沒有存心與你為敵，但他心理不平衡，老愛找別人的碴。你懵懵懂懂自投羅網，惹他上火，於是向你開戰，這是自討苦吃。經過多年來的觀察，陷入這種困境的人還真不少。

用君子的態度對待別人，別人就會有君子的風度。用愛去對待敵人，敵人就不知如何與你為敵。不信你試試看，真管用。

37 勇敢的恩賜

仗義勇為的人不必是知名的人物，
而是在市井小民之間，就可以發出奪目的生命之光。
勇敢的人永遠帶給大家恩賜。

勇敢做該做的事，是生命世界變得有秩序和文明的原因。相對的，懼怕則使公理不彰，生命受到屈辱而沉淪。每當我看到勇敢主持正義的人，總會深受感動，甚至引發我也加入行動。

在交通擁擠的台北鬧區巷子口，冷冽的春雨已經下了好一段時間。一輛快速從巷子竄出來的驕車，撞上直行的機車，機車應聲倒地，騎士摔在地上。再看看驕車司機，想加足馬力逃開，卻被路人擋了下來。肇禍的司機搖下車窗玻璃，伸出頭來以兇狠的口吻說：「老兄，你少管閒事。」路人絲毫無懼，還是攔住他。

肇禍的司機跳下車，卻不是去關切受傷的機車騎士，而是仗著自己的塊頭大，把路見不平的路人扛起來，按在車子引擎蓋上揍了他幾拳。就在這時，交通已經因為這起事故造成阻塞，路見不平拔刀相助的人，紛紛下車走了過來，把肇事的狂徒圍住。不一會兒，警察已趕到現場處理。

事後，有一位民眾對那位勇敢的路人說：「我真敬佩你的勇氣。」那位仗義勇為的路人說：「我不是不怕挨揍，但為了保護受傷的人，必須挺身而出。我並不是勇敢，而是做不得不做的事。」

聽到這位先生的話，我更受感動，對他的義行欽服感佩。我認為他所表現的是英勇，是人性的光輝，而且是克服了懼怕之後，所發出的正義行動。這樣的人不必是知名的人物，而是在市井小民之間，就可以發出奪目的生命之光。

勇敢的人永遠帶給大家恩賜。有一次，我從台中搭乘遊覽車北上，一位醉漢一路胡鬧，打擾到所有的旅客，於是和一位壯碩的旅客對上了，醉漢的敵意因為有人制止而更加火爆。這位旅客靠近醉漢想痛揍對方，正激怒對方動手，好師出有名。就在千鈞一髮之際，車廂後段，傳來幾句堅定沉著的話，「嘿！請慢一點！」

大家回頭一看，一位身著深藍色旗袍的老太太說話了。她語氣懇切，就像慈祥的母親，對著醉漢說：「請你來，來這邊坐，跟我談談。」醉漢的眼神向後瞟過去，凝視著老太太，竟然不由自主的走了過去。老太太挪一個位子，請他坐下，說：「我也喜歡喝點小酒！你喝了什麼酒？」沒想到這一句話，卻能使醉漢平靜許多。他說：「我喝紹興酒。」她說：「我也一樣，我跟我老伴一起喝，每晚都小酌一點。」

醉漢平靜了下來，從喝酒的話題，談到家裡的二老，又說到工作的工廠關閉和眼前的失望與沮喪。

我坐在老太太的後座，依稀聽到年輕醉漢的傾訴和哭泣，就像一個漂泊的遊子，回到慈母懷裡低語著自己的無限懊惱。車子安靜的北上，像搖籃一樣把醉漢哄入夢鄉，但我的內心卻波濤洶湧。一位失業落魄的遊子，極可能因為醉酒失態被揍或揍人，如果沒有這位老太太的冷靜、慈愛和勇敢，車內是否要成為戰場，而有人掛彩負傷？

勇敢是一種智慧和愛的行動，生命世界有了它，就像有個守護神一般。我想，每一個人都該在需要勇敢時勇敢起來，這個社會才能看到曙光和希望。

38

照顧年邁父母

年老是生命的現象，也是必然的結果。當年邁父母完成使命，面臨隱退之時，我們要愛護他們，尊重他們。

每個生命都會年老，每個家庭都有老人。當父母年事漸高，體力和能力慢慢減弱，雖然他們盡力過獨立的生活，但如果經濟拮据，孤獨的生活著，加上久病或身心不健康，他們的生活勢必受到摧殘。父母是我們之所從出，是孕育你我生命的所在，照顧年邁的父母正是責無旁貸。

在生命的過程中，年老衰退是寂寞、辛苦的，當你發現父母有明顯的衰老現象，就表示其獨立生活即將結束，必須對他們有所安排。成年的子女常常認為，該把老父老母接來一起生活，其實那要看他們的意願，不宜強迫為之。也許他們寧願留在鄉下過日子，在熟悉的社區有鄰居為伴，只要安排得宜，設法照顧他們，生活的品質仍可維持，歡度晚年並不困難。

老人家總有一天會無法獨立生活，當身體和精神嚴重衰退時，兒女應不顧父母的反對，採取行動。但不能讓老人家失去尊嚴，傷害到他的信心。老人最傷心的事是受到漠視，得不到家人的尊重。

一位朋友最近才把老父母從鄉下接來台北。他說：「現在我經常花時間，聽聽他們的心聲，談談父母親認識的同學或親友。更重要的是說些家鄉的事，這使父母覺得生氣盎然。」老人只要經濟生活穩定，行動方便，有娛樂消遣，加上人際關係的維持，通常能保持較健康的身心。

若老年人的經濟來源穩定，就比較有信心，因此子女要給父母一些經濟資助。當然，如果他們已經夠富有，就無須你的贊助，但他們肯定需要你的關心和體貼。老年人健忘，你不能取笑他；老年人會重複說那幾件陳年往事，你不要拒絕聽。只要有機會說話交談，就能減緩腦子退化。

幫老人安排上「老人大學」或類似的機構，對老人的心智和健康，有著積極的作用。他們像上幼稚園一樣，每天有車子接載上學，有車子送他回家；他們有娛樂，有遊戲，有交談，也有合適的運動。我的舅舅在舅媽過世之後，曾經一度陷入沮喪和孤寂，自從參加老人大學的活動之後，每天都很開心，子女們也輕鬆許多。

老人也從電視、廣播、書籍和雜誌中學習，而引起新的興趣。我母親本來不識字，但因為經常聽誦佛經，現在她能讀誦《金剛經》。她勤於參加佛寺的共修法會，所以人際互動良好。一個八十開外的老人，能精進如此，全賴住家附近有個真修寺。

老人的飲食要特別注意，他們的味蕾少，嗅覺漸遲鈍，齒牙動搖，消化力也差，經常有飲食上的困難，子女不可不知。此外，你該注意安全，特別是浴室，一定要舖上止滑的膠墊，爐火裝設自動切斷系統，以免烹煮食物時遺忘而滋生危險，這些都得留心防範。

年老是生命的現象，也是必然的結果。老人曾經風光過，對社會有所貢獻，對子女有養育之恩，並且傳承了文化和生命力，現在正面臨隱退。我們要愛護他們，尊敬他們，不能逃避卸責。

39 光疼愛不夠

每個孩子都需要親身體驗現實生活，在承擔責任和生活挑戰中，學會思考和判斷。

生命的乳汁是愛，有了愛，生命才會茁壯，有了愛，人生才感到溫暖和有價值。然而就生命的全程發展而言，光只疼愛是不夠的。

有許多人認為，愛子女就是盡心去疼愛和照顧，準備所需要的一切，期待所愛的人有個幸福美麗的人生。然而，人生的開展，不是只有疼愛，還要發展個人的生命力，去面對挑戰；由勇於嘗試和忍受挫敗中發現自己的價值，伸展自尊，才能做一個肯定自己的人。

心理學家所謂「為自己而活」，不是要我們做個自私的人，更不是要大家去過縱慾的生活。他們所揭櫫的是：發展個人的自信和潛能，形成完整的自我認同，有朝氣有活力去過屬於自己的人生。

每個人都要拓展自己的性向、能力和興趣，走出自己的路。在這條路上，你不能與人比較，也不能退卻。你要相信「你之所以為你是好的，我之所以為我也是好的」；你好，我也好。

一位高三的學生突然自殺了，她的父母簡直不敢相信；他們無法了解自己最疼愛、最可愛的孩子竟會選擇絕路。她一向品學兼優，從國小、國中到高中，都很規矩、善良、有禮貌，是師長和親友人人稱許的孩子。

她被緊急送到醫院，所幸獲救，但心情卻非常不穩定；不停的大吵大鬧，宣洩心中的情緒，經由醫療協助才安定下來。精神科醫師後來告訴父母親說：「她知道你們認為她很乖，為了討得喜歡，勉強自己迎合你們的期待。因此，她常常感到自己什麼也不會，什麼也不敢嘗試，活得沒有意義，沒有自己的目標。她說自己是一個可愛的布娃娃，是個空心人。」

經過一段時間的協助，她繼續回學校完成高中學業。不過她沒有上大學，她選擇就業。她告訴父母親：「我選擇半工半讀，嘗試自己想做的事。」之後的兩年，她一邊工作一邊準備考大學，主動學習社交和人際活動，而有著生活充實之感。她漸漸相信自己的能力，找回自尊和自信，父母親也肯定她所作的努力。終於如願以償，進了大學念書。

只有疼愛是不夠的，每個孩子都需要親身體驗現實生活。他們在做家事和參與活動中，學會生活的本事；在人際交往中，體認友誼和信賴感；在承擔責任和生活挑戰中，學會清醒的思考和判斷。

現在有許多年輕人受到保護和疼愛太多，一出校門踏入社會，便覺得六神無主，信心不足，而陷入徬徨和退縮。有些大學畢業生，甚至還滯留在家裡，走不出去，或者經不起挫折和辛苦，不斷換工作，幾年下來一事無成。

光只疼愛是不夠的。生命的成長，除了疼愛和鼓勵上進之外，要給孩子適當的責任，作有益的嘗試和參與。給孩子現實生活的有益體驗，才能孕育其豐富的生命力。

40 珍重感情生活

愛建立在對別人的生命與對自己的生命同等關心上，婚姻透過愛情而水到渠成，必須兩人同心，相互扶持和珍惜彼此。

每個人都需要愛情，到了青春年華的生命階段，愛情自然在人生中上演。它來得很自然，很吸引人，飄飄然似神仙，甚至會令你神魂顛倒，作息失控。青春年華的愛情，就像剛學會開車，雖然還沒領到駕照，卻駕著浪漫的跑車奔馳似地狂熱。然而你的生活並不是只有愛情，你還有別的事要做，所以要學會自我控制，避免愛情失衡，樂極生悲。

有些人對愛情抱著浪漫的態度，他們以自由獨立來享受青春愛情。誠如一位年輕人所說：「我有過幾個異性朋友，都相處得很愉快、很開心，有特別的樂趣。我喜歡這種浪漫，但不希望發展成婚姻。」抱著這樣想法的人，我不禁要問他們：「你真以為你到了四、五十歲以後，還會有人心花怒放，要和你約會嗎？到那時候，你難道還想去找那些年輕人？」花一般的歲月只有那一段，接下去所需要的，是穩固的現實關係。

於是，婚姻成為愛情的必然之路。它透過愛情而水到渠成，這時，感情生活的重心是婚姻。因此，如果你想結婚，那就不要猶豫不決。但得有個條件，就是必須兩人同心，相互扶持和珍惜彼此的愛情。幸福的婚姻是經營得來的，不是偶然撞見撿來的。千萬不要以為選個好對象，嫁了或娶了就會有幸福美滿的未來。這只不過是個開始，如果不繼續學習和成長，疏於花時間和心力去培養愛情，婚姻的愛情會枯萎。

成家以後的愛情，是在面對柴米油鹽的現實中開展，在共同扶持中增長，在經營歡笑和興致中茁壯。你的角色是夫或妻，愛情不再像路邊的花草，而是家園中努力栽培的美麗花園。它穩固而親密，不斷衍生彼此的愛意、默契和互信，辛勤耕耘生命中最寶貴的感情世界，這時最糟糕的事，就是不負責、婚外情、冷漠、敵意和傷害。無論如何，你必須提防這些婚姻害蟲，經常除草、施肥，保證會有人生的豐收。

幸福的婚姻得有子女襯托，那是另一種珍貴的親密感情。大部份婚姻專家都指出：「夫妻可以成為快樂的一對，但還需要加上子女，那就是和樂融融的家。」子女純真的愛，令你們重溫兒時的雅興和天真；孩子對你的信任和依賴，令你們不得不學習堅毅；彼此創造天倫之樂，令你完成生命的愛與價值。

感情是甜美的，但必須及時、恰到好處。太早墜入情網，會令你失去許多成長的機會；太早結婚生子，會施展不開自己的生涯。然而，青春易逝，若不及時把握，等到萬事具備才想要迎接愛情，它已揮手揚塵而去。養兒育女也一樣，如果四十開外才生孩子，你又有多少活力和興致，陪他一起玩耍探索呢？

最後，我想特別指出，愛建立在對別人的生命與對自己的生命同等關心上。愛情是在互愛中滋長出來的，需索和自私只會讓它枯萎。你想擁有幸福的愛情，就得把握這個原則。

41 放下憂傷往事

人免不了遭遇橫逆，對於無可挽回的心創，
要看清它的意義，接受它帶來的啟示，然後放下它。
別讓無謂的自責干擾正常生活。

每個人都有擔憂和煩惱，尤其是不愉快的往事，多愁善感的內疚和自責，總是給人帶來困擾、不安和沮喪。

人生是苦樂參半的，有悲有喜；是成與敗交替的，得失互見。如果老抓著哀傷不放，喜樂就會漸漸隱去。若能堅毅地撥開墨色的窗簾，亮麗的陽光就會灑進心扉，眼前將會是一片清朗美景。

喜樂健康的人，善於排遣煩惱和憂心；憂愁沮喪的人，情不自禁地抓住牽掛和自責。所以喜樂的人看的是希望和光明，憂愁的人看的是已逝的悲愁和遺憾，而忘了重新生活，拓展新局。

一位年輕小姐，因為母親罹患肺炎逝世而傷心內疚，甚至痛不欲生。母親罹病前一週，她邀母親一起旅遊，沒想到一趟旅行下來，老人家受到風寒，併發成肺炎，短短十天後不治仙逝。她為此內疚，認為母親是她害死的，不斷自責：「要不是我邀她出遊，她現在不就還活得好好的。」她哀傷、心情低落，因想不開而天天失眠，甚至覺得活不下去。

我為他解釋，「放下」是自然的治療力量，她說：「是我害死母親的，我放不下這沉重的自責。」她說了許多母女間的親情往事，回顧許多溫馨的生活點滴。我聽過漫長的傾訴，對她說：「疾病與死亡是生命的自然現象，不是妳給的。妳母親活了六十五歲，有妳的愛和孝心，令她幸福，這足可告慰她。最後，在她離開人間之前，妳及時帶著她旅遊，讓她高興，才是最珍貴的禮物。妳要這樣看待才對。」

這時，她拭起淚水，用若有所悟的眼神看著我說：「你認為我沒有作錯？

」我為她解釋生命的無常和不確定性，就像樹上的果子，在風吹雨打之中自然會掉落。但生命在此掉落，卻在另一個地方升起；只要有愛和智慧，就會往生另一個美好的世界，所以一切隨緣而行。她點了點頭，露出放下心的表情，好像雷雨已過，陽光重現一般。於是我接著說：「妳沒有錯，而且已盡了孝，令堂應該會含笑往生。」她釐清了事情的意義，終於釋懷，放下沉甸的自責和內疚。

人免不了遭遇橫逆，有時發生在感情上，有時發生在健康或事業上。對於無可挽回的心靈創傷，要看清它的意義，接受它帶來的啟示，然後放下它。無謂的自責，反而干擾正常的生活。

生命是在患難和憂傷中成長。請記得，我們的大腦不只用來觀察和思考，同時也用來放下和遺忘。不過，得先明瞭，想要放下煩惱、憂傷或內疚，就必須先清楚的記得它，完整的了解它的意義，然後才能放下它。

42 治癒心創良方

傷害我們的人，大都是跟我們關係親近的人。如果你願意找出自己能負起責任的部份，饒恕對方的無知和錯誤，就能撥雲見日。

再謹慎行事的人，仍避免不了與人衝突，受到傷害或委屈。畢竟人是有血有肉的感情之軀，有時因利害交關而產生敵意，有時因情緒失控傷及別人。每個人的一生，都可能受到別人有心無意的重創，久久揮之不去的記恨和憤怒，令人失眠，情緒難以平撫，甚至無法正常生活。

別人對自己的傷害和凌辱，如果老放在心中，就會備受煎熬折磨。反之，透過你的了解，推己及人為對方找個下台階，就能寬恕對方，讓自己的心頭大害得以釋懷。

一位朋友回憶往事說：「我過去競爭的對手，是夠狠夠悍的投機客，他強佔我的生意地盤，逼得我遠走他鄉、另謀生路。好在我辛勤的工作，才能在商界再度崛起。」有一天，舊仇人經商失敗，從鄉下來台北，帶著兒子請求協助找工作。他很快為他在友公司找到職位，他的合夥人知道了便說：「你該報復他才對，至少得給他一點顏色瞧瞧。」朋友說：「當年發生的事已經過去，沒有那段因緣，也許就沒有今天的成就。再想清楚些，當年發生那事，未必是他的錯，未必是任何人的錯，也許是天意，所以很久以前我就不再記恨他了。」

一位愁眉不展的男子，在太太陪同下前來晤談，過程之中觸及童年往事。家裡窮得三餐不繼，他經常受到酗酒父親的粗暴對待：「一種粗暴的吼聲，有如山崩地裂一樣，逼襲過來。我害怕他的凶暴，也恨他對我的創痛和凌辱。」聽他的傾訴，令人心酸恐懼。後來，我帶他到佛堂，祈求佛菩薩的加持保佑。我帶著他念的祈願文是：「莊嚴萬德的佛陀！救苦救難的觀音！這位年輕人的父親過去因為無知酗酒，才粗暴的傷害他，而不是存心傷害自己的兒子。請祢降福這位年輕人，幫他揮慧劍斬愁絲，除去心中的恨和懼怕，撫正他的心，讓他不再偏倚不安，除去藉酒澆愁麻醉自己的惡習；給他面對現實、快樂生活的新機。」

祈願後一星期，他來晤談時說：「我已經能夠寬恕父親，而且在回憶往事中，發現父親慈愛的點滴。」後來他振作起來，恢復正常工作，也較能控制自己的情緒。

寬恕是生命的一帖良藥。你願意寬恕，就能脫離痛苦。你恨之入骨，傷痛就像酸液一樣腐蝕你。我們必須了解，傷害我們的人，大都是跟我們關係親近的人，父母、兄弟姐妹、配偶、朋友。如果你存心報復，那麼冤冤相報何時了呢？不如看清楚些，找出自己能負起責任的部份，饒恕對方的無知和錯誤，就能撥雲見日。

寬恕無法在對價或條件交換中找到，寬恕就是放下心中的紛擾和憎恨，讓它不再傷害自己，從而獲得安祥。它是人類心創的良藥。

43 克服憂鬱之道

憂鬱症往往是心理因素和生理因素共同造成的，身心交互影響，就醫和在生活與工作上作調適，才能使生命的熱情重燃起來。

生命是一個滿足需要的過程：餓了就要吃，冷了得有衣服穿，必須有地方居住，要有人際互動溫暖。人除了基本需要之外，還要追求愛、成就感、自由和尊嚴，希望自己活得有意義、有價值。無論是家庭、婚姻、工作或社交生活，都在追求個人想要的目標。

然而目標總是高懸，現實的困難會阻擋你取得需要。如果不調整自己的抱負水準，以致得不到滿足感或成就感，即使衣食等基本需求無虞，還是有挫敗感。長期的挫敗，又無力改善現況，就帶來無助和沮喪。

心理學研究指出，習得的無助和沮喪，化作一種思考模式，會使人變得消極、悲觀和絕望，這樣的心理狀況，產生情緒障礙，進而造成憂鬱症。此外，個人在生命的歷程中，受到嚴重的創痛，久久無法平撫和釋懷，而引發情緒失常，也會造成憂鬱的現象。憂鬱症不一定是心理的原因所造成，也有可能是神經化學紊亂所引起，最近的研究指出，它與過敏體質也有關聯。

從實際觀察中發現，憂鬱症的人在社會變遷的浪濤中，往往被捲入心理困境；他們痛苦、絕望和無助，甚至想要自殺。憂鬱症的典型症候是：

- 睡眠習慣改變，夜裡睡不著，早上起不來，覺得疲倦不堪。
- 持續憂愁、焦慮和空虛感，稍不如意就發脾氣或賭氣。
- 覺得悲觀、無望、無助、愧疚或沮喪，情緒越來越低落。
- 胃口不好，體重下降，或者暴飲暴食而發胖。
- 凡事猶豫不決，反反覆覆作不了決定。
- 想到或談及死亡，或表明自殺意圖，甚至已著手做過。

憂鬱情緒往往是心理因素和生理因素共同造成的，加上生活脫序、運動減少、缺乏足夠的日照等因素，才造成憂鬱症。正確的說法是，身心交互影響，陷入惡性循環的漩渦之中，才嚴重起來。憂鬱症開始時症狀並不明顯，正因如此，往往錯過診療的最佳時機，而持續陷在身心惡性循環內，致使病情加重。

憂鬱的情緒是很折磨人的。受困擾者所憂心的事，往往來自消極絕望的想像，日積月累，自己和家人都會陷入困境之中。所以人一旦有了憂鬱的現象，就要下定決心克服，不要讓它坐大。

克服憂鬱症首要是就醫，透過醫藥的幫助恢復腦神經的化學傳導，同時接受心理諮商或治療。其次是當事人務必注意運動，每天做四十分鐘以上的耗氧運動，能使心情變好，交感神經鬆弛。其三是調整自己的抱負水準，訂定自己可以達到的目標，勉力去完成它，累積成就感和信心。

憂鬱症是會令生命的熱情冷卻下來的疾病，如果你肯就醫，在生活和工作上作些調適，使生命的熱情重燃起來，它就自然退去。

44 紓解壓力有方

運動、音樂、接近大自然，都是便宜又有效的解壓方法；愛與友誼同樣也具有紓解壓力的效果。

生存在追求高科技和高成長的社會裡，生活與工作的壓力是沉重的，尤其是社會變遷快速，挑戰多，需要學習和調適的更多，所以付出多、壓力大。有些人想抗拒它，以不變應萬變，結果累積下來的困擾、造成的壓力更大。

你不可能自外於現實生活環境，道理很簡單：不進則退。你不肯設法跟上變遷的腳步，就要接受落伍的壓力；你不願意接受現實的挑戰，就要承受孤獨和失能的危機；你不肯面對現實生活，到頭來就會給自己增添痛苦。

於是，你還是認了吧！勉為其難學習新知和技能，努力適應變遷社會中的生活。過去所學的知識和技術，因為半衰期太短，所以要不斷精進，學習新的能力，否則你會失業。彼此競爭、追求效率，你的壓力自然會落在肩膀上，唯有承擔它，你才能活得下去。於是壓力成為現代人生活的共同特質。因此，你需要一套紓解壓力之道。

紓解壓力的天然方法就是運動。它能帶來輕鬆、快樂和精神力，能維持體能，帶給你身心健康。除此之外，你也可以每天讀幾頁陶冶精神生活的好書，經由它的啟發，調整自己的想法，而降低緊張和焦慮，解除心中的壓力。心理學研究發現，你怎麼想就怎麼感受。每天讀點好書，培養自己的氣度和樂觀思考模式，能紓解你的壓力。

音樂也是紓解壓力的好憑藉。忙碌一整天下來，如果能聽幾曲喜愛的音樂，唱幾首隨心所欲的歌曲，對於紓解壓力有明顯的幫助。尤其是一邊沐浴，一邊輕唱著兒時的歌謠，或哼唱少年不知愁滋味時所學的歌曲，更能使你輕鬆快樂。辛勤緊張所累積的疲勞和壓力，會因此而消散紓解。

音樂不但能紓解壓力，心理學研究發現，音樂還有治疼痛、避免併發症和鎮定的效果。有些失眠的人，在聽了半小時的古典音樂之後，便能熟睡。音樂能引發心曠神怡之感，從而產生消除緊張和止痛的效果。此外，它還能幫助抒發情緒及消除疲勞。

愛與友誼同樣具有紓解壓力的效果。家庭友愛、人際互動良好、享有豐富情誼的人，比較能紓解壓力。他們容易在親密交談和相互支持中，讓自己感受到溫暖和輕鬆感，即使有不愉快的事，也容易在會心傾談之中，得到接納和紓解。

最後要特別提出的是，接近大自然，也能讓人心怡神悅；登山戲水、旅遊攬勝，都有忘記憂愁和紓解壓力的效果。如果你願意經常接近大自然，塵勞自然清洗，煩惱自然化解。

適當的壓力可使人精進成長，它是適應現代生活的動力。不過壓力如果累積過量，不加以紓解，對身心會構成傷害。因此，我們要善用壓力，也要紓解壓力。

45 防範心理瘟疫

當一個人只想著自己和追求物慾，
一旦發生挫折，就會被失落的焦慮感所擒，
那時就會出現憂鬱、無助和沮喪的情緒。

二十一世紀開始，各國憂鬱症人口逐漸增加。這種現象在國內外同時發生，特別是高科技、高經濟發展的國家，最為明顯。這個世紀瘟疫，襲擊的不只是成年或老年人，連青少年也不能豁免。

憂鬱令人無法振作，它剝奪個人的生活興致，壓抑工作功能和意願，使一個人心情低落、疲倦、失眠、情緒不穩定、暴飲暴食、易怒、猶豫不決，甚至感到人生沒有意義，而陷入沮喪，放棄工作或學業。罹患這種疾病，當然要去看醫生，同時要作心理復健和諮商才行。

我們真應該小心這種E世代的心理瘟疫，別以為它不會發生在自己身上，務必要有防疫的觀念。尤其是學校系統，更要重視心理健康的教育。

這種心理疾病，事出有因。現代人汲汲於追求而忘了生活的本身；愉快的生活實現被追求聲色之娛取代，心靈生活變得空虛。有些人追求完美，有些人追求功利，當一個人只想著自己和追求物慾，一旦發生挫折，就會被失落的焦慮感所擒，那時就會出現憂鬱、無助和沮喪的情緒。

一般而言，容易發生憂鬱情緒的人是：

- 追求完美、自我要求太高：經常自責、自卑和內疚的人容易鬱卒，失去快樂。
- 習慣性的悲觀想法：把眼光放在眼前的挫折、失敗和不如意，疏於覺察還有許多值得珍惜的亮麗資材，從而造成沮喪。
- 缺乏友愛和人際支持：只想到自己，沒有想過施予和利他的人，不但缺乏溫馨和友愛，亦容易陷入寂寞和孤單，當情緒低潮時，往往無招架之力。

想避免受憂鬱所困，就得重視安排生活，不苛求完美而著眼於當下；培養樂觀，並注意家庭的人際支持。此外，心理學研究也發現：越能關心和幫助別人，就越能改變自我觀念，肯定自己的價值感，這有助於心理健康，充實自己的精神生活。

憂鬱這種情緒疾病是很惱人的，它令人一蹶不振，影響工作，扭曲人生，個人要做好自己的心理保健才是；如果有了憂鬱的症狀，就該去看醫生。許多人把看精神科當作一種禁忌，拖延治療，造成健康的損失和生活品質的低落。其實大部份的憂鬱症，是體內神經傳導物質失衡所致，最新的研究還發現可能與過敏體質有關。請不要誤以為它是精神有問題，怕張揚而不就醫，那就冤枉受苦了。

憂鬱症並不可怕，可怕的是我們對它的誤解。如果我們能多重視心理衛生，學習樂觀的思考方式，碰到想不開的事，願意找人談，就能免受它的襲擊。如果早期發現有憂鬱的症狀，及早看醫生，就能治癒它。

46 控制情緒的方法

採取行動，做一些建設性的事，就會有煥發振作的心情。用積極的想法和行動控制情緒，是最有效的方法。

最近有許多人，詢問關於調理情緒的方法。研究調查也發現，情緒鬱卒、憂愁和焦慮的人口急劇增加。顯然，這個忙碌、競爭、資訊更迭迅速的社會，已為大家帶來諸多苦惱和情緒上的失調。

觀察發現，大部份的人之所以陷入情緒困擾，是因為不懂得用行動控制情緒，才會沉浸在沮喪和鬱卒的情緒之中。人在遭遇不順遂的處境時，往往會不自覺地顧影自憐，或引起消極悲觀的想法。如果不採取行動，做點積極具建設性的事，以取代原先負面的想法，就會耽溺於消極情緒，不能自拔。

當你情緒很亂，陷入煩惱憂心時，可以採取的行動是把事情擺下來，去做點別的，無論是拜訪朋友或師長，找個朋友聊天，談些不同的話題，運動或看場電影。這能幫助你換個想法，改變態度和身心狀況，情緒自然舒緩下來。身心是連動一體的，只要你握緊拳頭，裝著煩惱憤怒，再把精神集中在一件不愉快的往事上，保證你的情緒迅即變得悲觀惡劣。反之，如果要使情緒變好，就得往好處想。以下方法不妨試試：

- 想些輕鬆有趣的事，情緒即刻改變；學著跟朋友說說笑話，甚至自我解嘲一番，也會令你忘懷憂愁。
- 提起精神，裝一裝自己是快樂的樣子；想著高興地工作，高興地待人，高興地眺望遠處；覺得活得還不錯，沮喪就會被打發。
- 挫折時想著自己能堅毅的生活，就會挺起胸膛，樂觀起來。

疲勞和情緒有關，憂鬱症的人都顯得疲勞。大部份的體力不支，是精神不濟引發假性疲勞的現象。如果任其無精打采下去，就會倦容滿面，情緒低落。反之，只要打起精神，找個工作努力做下去，就會振作積極起來。因此，當遇到不順心而情緒沮喪倦怠時，不妨來個逆向操作：

- 找件「勞力」的事情來做，打掃房舍，整理家務，只要全心投入工作，自有一番新的心情。
- 發憤下點苦工夫，努力學習自認該學而又不想學的東西；刻苦令人精神專注振作，不致掉入沮喪的圈套。
- 忙碌的人精神振作，遊手好閒的人易生倦怠、憂愁和煩惱；不妨保持緊湊的生活步調。

憂鬱倦怠的情緒是可以控制的，只要肯採取行動，去做一些建設性的事，就會有煥發振作的心情。別只是「想」它，而是真的去「做」才行！

精神的憂鬱和疲勞感，使一個人懨懨沒有生機。它使體內累積乳酸和廢物，形成惡性循環，精神每況愈下。如果你願意採取行動，投入工作，勉強自己去運動，乳酸因氧化作用而減少，運動又能積極促進好心情，使人振作。

用積極的想法和行動控制情緒是最有效的方法。這件事每個人都辦得到，只要提醒自己，勉力去做，效果會很好。

47

放鬆你的心情

人既需努力工作，又需要保持放鬆和喜悅。
只要你用愛的態度生活，用智慧的眼睛去看，
喜樂就在你的眼前。

人如果無法放鬆自己，就會產生沉重的情緒壓力，長此以往，不但影響健康，帶來病痛和心神不寧，精神生活也會變得沮喪。因此，現代人要學習放鬆自己的心情。

不能放鬆的人，想法上比較悲觀，凡事放不下，稍不如意就會煩心焦慮，揮之不去。這些人由於心情鬱卒，也容易失去耐性而發脾氣，或者一時衝動，而鑄下大錯。長期不能放鬆的人，容易干擾家庭生活的親密關係，因為壞情緒最容易在家人面前發作。經多年的觀察發現，夫妻失和、親子間的關係緊張，

都與心情不能放鬆有關。

不能放鬆的人，往往牢抓著一點心事不放，視野狹隘了，其他的興致和生活樂趣也跟著消失，心情當然就更掉落谷底。這樣的人，似乎有越來越多的趨勢。我常被問道：

「怎麼使自己心情開朗些？」

「為什麼家人或同事老惹我心煩呢？」

「為什麼令我心煩的事接踵而來呢？」

每個人表述的問題不同，情緒障礙的情形也不一樣。心情惡劣緊繃，而又怪罪別人或環境，情緒將會每下愈況。唯有肯放鬆自己，面對真實，設法解決問題，才會從情緒困境中解脫出來。放鬆自己，有助於健康，亦能孕育創意，解決問題。放鬆心情之道包括：

●**動作運動：情緒沮喪的人，最好早晚各做二十到三十分鐘的耗氧運動，**

例如慢跑、疾走、打球等等。運動能刺激你的腦下垂體，分泌足量的內啡素，它能使人愉悅和減少痛苦。

- **歌唱和音樂：**當你消沉或心情煩悶時，哼唱幾首歌曲和民謠，尤其是過去無憂無慮時期常唱的歌，現在重複唱它，最能帶來紓解和放鬆的效果。
- **幽默、詼諧或說笑：**把握機會大笑，逗著朋友一起發笑或自我解嘲，對放鬆心情有直接的效果。笑能帶來鎮定、喜悅和清醒，還能按摩內臟，對於放鬆和紓解壓力有神奇效果。
- **適當的玩樂：**工作過度又失去玩樂，容易沮喪。找個恰當的時機，與朋友一起玩樂、旅行和嬉戲，能產生喜悅的心情和愉快的感受。玩樂和工作必須平衡，心情沮喪的人大多過於嚴肅和認真，失去玩樂所致。

人既需努力工作，又需要保持放鬆和喜悅。一味地工作，疏於調解心情，久之將會造成情緒問題，影響健康，也降低工作效率。

生命應該是喜樂的，為了生存我們必須工作，為了實現成就感，我們得工作。但請別忘了！放鬆心情，並發現生活之中有很多的喜樂，只要你用愛的態度生活，用智慧的眼睛去看，它就在你的眼前。

48 工作的興致

不能開心的工作，不單純是工作的負擔和收入不理想，
而是來自內心的惰性和空虛。
人必須學會享受工作的成就感和樂趣。

每個人都需要工作。它不只是經濟生活的來源，同時也是人際接觸和充實感之所託。然而工作是辛苦的，需要長期努力和承擔。平均而言，五個人之中有四個人不喜歡他的工作；他們總是說太勞累、壓力大，沒有興趣或乏味。

話又說回來，如果想要在事業上成功，就一定要喜歡工作才行。凡是對工作缺乏興致的人，終究不會有成就。當然，沒有成就又帶給他失望、空虛、徬徨和挫敗感，從而更不喜歡工作。於是，培養工作的興趣，讓自己享受工作的體驗，成為人生很重要的一環。

一般認為工作所以令人討厭，是由於它阻礙我們享樂。這看似有道理，但如果放你幾個星期的假期，你又會覺得閒得無聊，悶得發慌。因此，可以推出一個結論：人不能開心的工作，不單純是工作的負擔和收入不理想，而是來自內心的惰性和空虛。

一位厭倦工作的中年人天天埋怨工作辛苦。後來他有個機會整整休了一個月的假，卻反覺得空虛，度日如年，抱怨假期乏味，恨不得提早銷假上班。他說：「一個月的假期真難耐，比工作更累人。」我建議：「問題可能出在你沒有目標，做沒有目標的事是乏味累人的。無論工作或休假，如果有目標，訂出該完成的工作期程和步驟，就會對你形成挑戰，從而振作精神，產生活力。」

他接著問：「難道我就要為老闆如此賣命嗎？」我提出自己的看法：「努力工作是為了挑戰自己，從中學習和成長，當然你的公司也受益。此外，你不覺得把工作做好，也是一種享受嗎？得到你服務的人覺得開心，你也跟著開心。把工作做好，就有一種滿足感，這是享受工作的關鍵。」人必須學會享受工作的成就感和樂趣，沒有這種樂趣，很難長期維持開心的工作。

討厭工作還有一個原因，就是除了眼前的工作之外，別無其他選擇。你沒有別的長處，所以穩定的收入，把你牢牢綁架；這讓你覺得委屈，滿肚子怨氣，卻丟不起工作。久之，你疲乏厭倦，甚至有幹不下去的無奈。這樣的人，要建議他採取積極的態度，試著利用眼前的環境，培養實力，找機會跳槽，讓自己接受新挑戰。

開拓新機有許多方法，你可以在現有的環境中，學習新的業務能力，也可以在工作之餘，找機會進修，準備騎驢找馬。只要你能培養自己的長處，有新的本領，就有機會接受新職的挑戰。這能令你興奮，也能培養自尊，工作的樂趣於焉而生。

最後，別忘了利用休閒，來調和你的工作；培養人際關係，來滿足感情生活的需要。在工作環境中，能與人交流，建立友誼和交往，既能維護健康的自尊，更是你工作興致的重要來源。

49

真情流露的生活

感情生活不像功利事業那麼現實，所以你很容易疏忽它。疏忽所造成的遺憾和傷害，卻往往直接對著生命而來。

生命是離不開感情的。沒有溫暖、親切和關懷的感受，生命會變得苦澀，生活就顯得乏味。人與人之間，如果缺乏感情的交流，當然會覺得孤獨，獨自承受著不快樂的壓力。所以，你要在家庭中流露愛和親切，在朋友之間保持情誼，在婚姻之中發現溫柔和情愛。

真情流露是能夠用最純真的感情，去對待自己、家人和朋友。勇於用感情和愛，去充實生活，去做該做的事。生活因為有真摯的感情而變得豐富，經營事業因為真情而有信用和擴展的胸襟，信仰上因為真情而變得虔誠和喜樂。我們一定要要珍惜感情，真情流露，讓自己的深情流灌入心田，孕育生活和事業的豐收。

許多人因為老於世故，而不敢流露心中的感情。你心存感激，就該勇敢的說出來；當你懼怕和畏縮，何妨說出口來，讓朋友或家人分憂。感情使自己和別人受益，讓生命變得活潑。不過，真情流露可不是放縱情欲，情欲氾濫的人，其人生會是不幸和災難。

有些心理學家把感情稱為心，把理智思考稱為頭腦。他們認為兩者都很重要，共同譜出生命的和諧。有一次，一個學生問我：「如果我的頭腦叫我這樣做，我的心卻要我那樣做，那該怎麼辦？」我問：「請你說得具體些好嗎？」他說：「我的頭腦告訴我這樣走『錢途看好』，我的心卻告訴我那樣走才是『我的興趣』，我到底該聽誰的話？」我建議他說：「這兩者起了疑問，應該遵從你的心。因為心能調和你的頭腦，去完成想做的事。如果你的心對你唱反調，光有頭腦還是不能行動。」感情世界捎來的心聲，是值得我們重視的。

發展生命的感情，會使生活幸福，工作有勁。然而，怎樣才能發展健康的感情生活呢？其實答案很簡單，只要對自己的感情坦白真實，讓它發展成自然濃厚的真情，保存它的純樸之美，去過熱情有愛的生活，就能發揮生命之情。

此外，感情生活需要時間。你願意騰出時間，去跟父母聊聊，才有孝親之情；肯留點空閒跟家人聚首，才有家庭生活的溫馨；肯忙中偷閒，作休閒和旅遊，才有陶冶心性的機會。感情生活不像功利事業那麼現實，所以你很容易疏忽它。疏忽所造成的遺憾和傷害，往往直接對著生命而來。

一位企業家在夫人突然病逝之後，顯得懊悔和傷感。他來晤談時說：「我知道她喜歡和我一起聽音樂、讀讚美詩，一起散步、高談闊論，但我沒有空。直到現在，我才了解事業並不比生命重要。就像今天，我安排到你這裡來，而沒有去工作，也沒什麼了不起。可惜我知道得太晚了。」

生命的過程當中，沒有真情流露的部份，就像沒有綠葉的花木，怎麼會有蓬勃的生機呢？朋友！請珍惜你的感情生活。

50 相處之道在於寬

無論生活或工作中，總會碰到難纏的人，
應付之道必須有同情心和耐性，
但最重要的還是誠意的溝通，並維持對方的自尊。

人的個性都不一樣，俗語說：「一樣米，養活百樣人。」在你工作的職場和生活圈裡，一定會碰到難纏的人。要跟他們打交道，必須懂得一些技巧，否則會給自己帶來困擾。

第一種難纏的人是性格龜毛，他不乾脆、又愛刁難。你不小心應付，會有得受。龜毛的人不一定沒本事，有些人來頭可大，如果你跟他槓上，他是老闆你是部屬，可會令你捲舖蓋走路。然而並非意謂你就得當個沒志氣、唯唯諾諾的鄉愿，而是提醒你，大可不必中了他的邪，讓正事耽擱，或者弄得自己火冒三丈。所以你該學習怎麼應付這種人。

A先生拿著公文卷，好意向上司建議怎麼處理緊急事故。他得到的回答是：「這差事我幹了十幾年，難道我不知道該怎麼做嗎？還用得著你來教我！」A先生立刻辯解自己無意冒犯，但上司還是一臉不悅，他靈機一動，便說：「對呀！你是處理危機的高手，經驗老到，我相信你的點子一定比我好，所以拿來請教你的意見。」上司瞟了他一眼說：「那你說說看你有什麼想法呢？」他們的交談才得以繼續。

有些青少年也很難纏，父母要他做點家事，他硬拗不肯去做，還說了一堆歪理：「上次我做得比弟弟多，這次我應該可以不做，否則就是不公平。」這時父母親如果發火，就會傷和氣，親子關係緊張，甚至衍生許多衝突。經驗老到的父母則會說：「做家事是全家人的事，這是家規誰都不能免。如果你今天時間不允許，我們可以改在明天一起做。你說明天下午如何？」有堅持、有變通，比較能處理得宜。

有些人很嘮叨，又愛批評。一位女士說：「我婆婆非常囉唆，對家務事大有意見，尤其是嫌這嫌那，讓我不知所措，有時會惹得我情緒失控，跟她爭執起來。後來我學會回應之道，我儘量給老人家做決定的機會，凡事多尊重她，問問她的意見，不久她就不再嘮叨批評了。」當然，有時候不講理的批評者，實在令人無法理喻，你最好暫時避開，事後再好好跟他談。如果你能留點顏面給他，對方也就不會步步為營跟你計較。

有些難纏的人是不知輕重，對你做不合理的請求，令你為難。例如同事要出國旅行，請你幫忙處理他的未盡業務。你已經夠忙了，如果勉為其難答應，就會誤事或累垮自己；如果拒絕方式不當，又很傷情誼，真是進退維谷。這種情形，你可以委婉地告訴對方：「請讓我查一下工作計劃，稍後再回你話。」過一會兒，再禮貌地對他說：「你來找我幫忙是我的榮幸，但這幾天我手上的工作吃緊，有如泥菩薩過江，自身難保，真是愛莫能助。希望下一次有機會能為你效勞。」

無論生活或工作中，總會碰到難纏的人，應付之道必須有同情心和耐性，但最重要的還是誠意的溝通，並維持對方的自尊。相處之道在於寬。如果你知道怎麼應付難纏的人，和其他人必能相處融洽。

51

樂觀的生活

樂觀的人有豐沛的精力和信心去面對考驗，所以幸福康健。
我們要從師親朋友那兒學習樂觀，
而不是模仿抄襲他們悲觀的想法。

生命是在樂觀中開展的。有樂觀的態度，才有鍥而不捨的動力；有樂觀的思考模式，才會保持堅毅和積極。樂觀的人幸福，悲觀的人鬱卒。

樂觀不是天生的，而是學來的。樂觀的人遇到挫折和失敗，採取區隔思考。他們相信眼前的挫敗，是暫時的，是部份的損失，而不是全部挫敗。它是情勢變動，一時沒有做好使然，而不是自己永遠不行。因此他們容易重整旗鼓，再接再厲，又站起來。

悲觀的人正好相反，每當遇到挫敗時，會把它看成永久的失敗，是一生中無可彌補的損失，甚至看成自己不如人，因而沮喪、退縮和自卑。

樂觀的人有活力，身心健康，凡事能轉敗為勝，樂觀的態度就是成功和幸福的根源。心理學家哥藍・艾爾德（Glen Elder）指出：一九二九年經濟大恐慌時，有一組研究人員對美國加州柏克萊和奧克蘭的兒童，追蹤觀察其行為和適應能力，長達六十多年。

研究發現，當時失去財富的家庭，若在經濟蕭條之後，恢復其財富，子女日後都比較樂觀。他們對不幸事件學到一種解釋：它是暫時的、特殊的和受外界影響的。他們相信事過境遷，就可以努力挽回。這些人即使到了年老，仍然保持樂觀和信心。

反之，未從來經濟大恐慌中恢復過來的家庭，他們的下一代相信災難是無法改變的，苦日子是一輩子的。他們學到的是悲觀，而且一直到老年都如此。悲觀的態度使他們生活失去快樂，工作不順利，甚至影響健康。

親近積極樂觀的人，容易養成樂觀的思考模式；經常與悲觀、憤世嫉俗的人為伍，會逐漸受到薰習感染。尤其是父母和師長的態度，影響孩子尤大。

一位母親在聽完孩子抱怨自己個子矮，遭同學嘲笑後說：「下次你告訴他們，每個孩子成長的速度不同。現在長得慢、比他矮，將來可能長得比他高、比他壯。而且個子矮也有好處，倘若發生大地震，天花板崩塌下來，先打到高個子的人，矮個子反而安然無恙。」孩子覺得有理，就不再抱怨了。

次日放學回家，孩子又皺著眉頭說：「他們今天對我說，如果哪天淹大水，矮個子就先滅頂，我好傷心！」母親告訴他：「矮又不是你的錯，你何不告訴他，矮個子都很機警，對淹水早有準備，所以矮子很少被水淹死，大個子如果疏於準備，災難才找上門來。」孩子聽了破顏微笑，又不在意了。這位母親顯然是樂觀思考者。反之，如果隨著孩子一起憂愁和抱怨，就會養成悲觀的思考方式。

樂觀的人幸福康健，因為他有豐沛的精力和信心，去面對種種考驗。請記得，要從師親朋友那兒學習樂觀，而不是模仿抄襲他們悲觀的想法。

52 寬恕是唯一的路

人如果無法寬恕，心靈和思路會受扭曲，判斷就有偏差；怨恨與情染使人變得缺乏理性和創意，坐失成長和開展的良機。

在從事心理諮商工作中，我發現寬恕是治癒心創，給自己帶來身心健康，重振精神生活的最好處方。於是，我經常幫助身陷憤懣、怨氣深鎖的人，透過寬恕來消除心中的積鬱和仇恨。

寬恕不但可以促進個人的心理健康，減少內在焦慮，還能發展更高的人生意義和價值。在家庭關係上，寬恕則是增進親密和互愛的基礎。它能使夫妻互信、歡喜和深愛對方；也令親子之間有著真實、承諾和摯愛。

選舉原是民主國家的常事，政黨輪替是自然的現象；選舉的結果，在野黨可能變成執政黨，執政黨變成了在野黨。而在選戰過程中，免不了有衝突，造成一些心創，甚至在同一陣營內，也有針鋒相對、互相批評中傷的事件。治療過往的傷痛，唯一的路是寬恕。只有透過寬恕，政治人物才會用理性和真情為社會國家著想，發揮創意、責任和真誠，共同創造美好的前途。

人如果無法寬恕，心靈和思路會受到扭曲，判斷就有偏差。有時，甚至不顧真實，為了報復而作不當的決策。這種現象，在歷史上屢見不鮮；怨恨與情染使人變得缺乏理性和創意，坐失成長和開展的良機。

不可諱言，目前我們的社會充斥著報復、忌恨和敵意，這種風氣不但會造成社會的紊亂，更會壓抑創造的活力；既影響社會進步，也造成更多心理不健康的狀況。許多研究指出，憂鬱和情緒失常的人口逐年增加，顯然與不肯寬恕有關。

生活在現代社會裡，每個人角色不同，價值取向互異，利害衝突，意見相左。你覺得有人傷害你、冤屈你、出賣你，那是難以避免的事。如果因此久久不能釋懷，怨氣深鎖心頭，日子就過得很痛苦，想法也會偏差扭曲。

傷害已帶來打擊和損失，不能忘懷又像酸液一樣腐蝕自己，雙重痛苦會把人折磨得更憔悴失衡。心理學家告訴我們，處理心創最糟的策略是：

- 心懷怨懟，幻想著報復對方。
- 變得憤世嫉俗。
- 把所有的問題都歸咎於侵犯者。

這些都對當事人有害，因為它會不斷扼殺創意、快樂和身心健康。如果不肯採取行動，剷除這些心靈毒瘤，就很難恢復愉快的生活。

寬恕雖不是件容易的事，但只要你明白，寬恕是為了自己的重生，或者做更有意義的事，就能擺脫憤恨而回復平靜。寬恕是唯一通往開朗和積極的路。

53

人生的光明面

在人生不同的遭遇中，只要盡心，情理並用去生活，去做正當的事，都可以展現生命的光輝，參贊造物主的化育。

人的一生若能表現出光明面，有理性、有感情、能行善，就會有較穩固的自我認同，從而發現自己活得有價值，有著光明磊落的自許。這個積極、健康和行善的美德，便是生命的光輝。

我參加教育部召開的生命教育年度計畫會議，會中知名的醫者黃崑巖教授談到生命的光輝，並主張青少年應多讀傳記。他說美國的約翰・霍普金斯原來是一間雜貨店的老闆，他窮畢生的努力，積蓄了一筆巨大的財富，並且立下遺囑，希望組織董事會，籌設一個醫學中心。就這樣，名聞遐邇的約翰・霍普金斯醫學中心（Johns Hopkins Medicine）誕生了。它誕生在生命的愛與智慧的光輝之中。

我閱讀火車發明人史蒂文生（George Stephenson）的傳記，才知道原來他是煤礦坑裡的技師，經常目睹工人用台車運煤，既艱辛又危險。坡度較大的地方，使力不足，萬一台車滑落，可是危險萬分，甚至造成死亡災難。他決心發明火車來運煤，減少災難的發生。在他研發成功之前，有一次對兒子說：「孩子！你知道我為什麼要造火車。但是天有不測風雲，人有旦夕禍福，萬一哪天我在礦坑發生意外，你一定要繼承我的遺志，把火車研發出來。」火車終於在他有生之年成功設計出來，受惠的是全世界的人。我們從他的故事中，看到他的愛與智慧，綻放生命的光輝。

多年來每個星期五晚上，我照例在台北的華藏講堂講經。有好長一段時間，一位老人家持續來聽經。有一晚下課時，他對我說：「老師，我聽經聞法，漸漸有了收穫。我很敬佩你，如果能像你這樣該多好。」我覺得他的想法不清楚，於是對他說：「你是你，是不會變成我的。」在接下去的交談中，得知他是一位退休的工人，最後一份工作是建造北二高。他雖然兢兢業業的工作，但卻感嘆賺錢少事粗重，覺得人生沒什麼價值。他又讚美道：「像你這樣說法助人，才真的有價值。」

我告訴他：「你一生建造了許多房子給人住，你是大施主；做過那麼多公共工程，為社會造橋鋪路，更是貢獻卓著。最後一個工地是建造北二高，每天數以萬計的車輛經過，接受你布施的方便。我對你生命的光輝，肅然起敬，對你的菩薩行，深表肯定。」老人家聽我一解釋，眉宇間綻露著欣慰和喜悅。他接著說：「今天我真是喜出望外，過去的辛苦，竟然化作無盡的功德。」他因領悟到自己人生的價值而欣慰不已。

生命的光輝與個人的地位、財富和成就無關，在人生不同的遭遇中，只要盡心，情理並用去生活，去做正當的事，都可以展現生命的光輝，參贊造物主的化育。

54

生命最後一段旅程

生命旅程中，養生重要，送死一樣重要。病人臨終之前的感情生活是珍貴的，我們有必要重視它，讓他們感受溫馨和安寧，給他們恬靜和莊嚴。

生命是從生到死的過程。我們既需努力求生，知道怎麼活下去，有能力活得好，過得幸福。同時也要了解死亡的本質，清楚它的過程和心理狀況，並知所調適，給予尊嚴、安寧和溫柔。

一般人珍惜生命，側重營生、追逐和佔有，畢生努力都在遂行自己的抱負目標，但是卻忽略死亡和臨終的關懷。病危、臨終和死亡是無人能倖免的事，如果我們漠視它，錯誤對待臨終的人，則會給他們帶來痛苦。

死亡學在最近半個世紀中，有較多的研究。研究者從醫學、護理學、心理學等方面，揭開死亡過程中的身心現象。例如雷蒙・穆迪（Ramond Moody）醫生以臨床晤談的方式，對有過瀕死經驗的人作調查研究，發現人死後有來世的存在。伊莉莎白・庫德勒－羅斯（Elisabeth Kubler-Ross）醫生對臨終照顧，更提出寶貴的研究報告。心理學家甘尼斯・林（Kenneth Ring）一生都在研究瀕死經驗，指出死亡的歷程和永生的存在，死亡並不可怕，對生命的愛是人生最重要的課題。

這些研究的共同點，是告訴我們要珍惜有生之年，好好過有生趣的生活，保持善終；並提醒我們對臨終者善盡關懷，以體恤和協助的態度，讓臨終者死得溫馨和去得莊嚴。

對於臨終的照顧和體恤，以日本醫師山崎章郎所寫的《人生的最後一堂課》（中譯本圓神出版）一書，最為感人及發人深省。他是一位癌症病房的主治醫師，以他照顧病人的愛心和實際經驗，寫出動人的文章，讓我們知道尊重臨終病人的心意，並懂得適當的照顧他們。

山崎醫師指出，對於癌症末期或無法挽救的病人，以中心靜脈營養法直接朝心臟注射，補充其營養，只是讓病人受病苦折磨更久；氣切插管手術不但疼痛，甚至連呻吟聲都發不出來。對於救治無效的末期病人，重點應該在於痛苦的消解，而非痛苦的延命。其實延長短暫的幾天，令病人受盡痛苦的折磨，並沒有什麼意義。

然而，山崎醫師對病人的感情生活，卻充分的照顧和尊重。他幫助一位極度思念老伴的癌症老婦人，經過四小時車程的顛簸，去探望同樣罹患癌症的丈夫。雖然，他們費盡千辛萬苦，最後只見面寒暄十五分鐘，但老人家已心滿意足，回到病房之後，在安詳的睡眠中仙逝。

末期無法救治的病人，如果堅決要求回家，山崎醫師會與家屬商量，讓病患居家照顧，有危險狀況，再以電話聯繫前來處理。所以病患有機會在自己一手打造的家靜養，在自己熟悉的環境中，溫馨、安詳的往生。

病人臨終之前的感情生活是珍貴的，是踏上另一個生命旅程極重要的一段調適，我們有必要重視它，讓他們感受溫馨和安寧，給他們恬靜和莊嚴。養生重要，送死一樣重要。

55 珍惜生命

真正的問題不是困難紛至沓來，而是把它歸咎於他人或命運。懂得珍惜手上所有的，依自己的現實安排生活，隨處都有小福。

生命是珍貴的，活著真好。光是和煦的春日，就能溫暖你的心；涼風習習的夏夜，就能令你舒爽；生活中加點友情，就能令你快樂；工作之外把握悠閒，就有更多生趣。生命的美好，在於努力和欣賞現成的一切。

會覺得人生過得勉強，無法應付壓力，是由於不懂得珍惜小福。這些人想要的都是大福，而不知珍惜點點滴滴的美好，這樣令生活過得勉強，壓力大，日子變得艱澀乏味。你必須了解，人生很少有轉運的大福，但卻有許多小福。等著大福來才快樂的人，總是得不到幸福。

無聊、沮喪和憂鬱，是因為得不到大福所造成的空虛、焦慮和絕望。他們不能自我接受，缺乏適合自己的目標，老是拿自己跟別人比，所以陷入空虛徬徨。接納自己，用自己手中的資糧去發展、去生活、去品味生命中取之不盡、用之不竭的小福，這才叫幸福。

多年前一位年輕人，在家人陪同下前來晤談。他曾經自殺過三次，企圖以服毒、割腕和使用瓦斯來了結生命，但都被送到醫院救了回來。他悠悠的敘說身世，陳述親情、愛情和學業上的挫折，他苦笑著說：「只要有機會，我一定會自殺成功！」我問他：「你是否研究過，死了之後，確定比現在快樂？」他說沒有，於是我接著說：「如果死去的那個地方，比現在更不快樂，然而你已死了又回不來，那該怎麼辦？」他驚奇的問：「死了還有存在嗎？」我告訴他這個問題值得研究，應該深入了解之後再作決定。他同意暫緩執行自殺計畫，願意花時間讀幾篇死亡學方面的文章。

之後的幾個星期，他讀了兩本指定的書：《來生》（*Life After Life*，中譯本方智出版）和《我所見過的靈界》（*Heaven and Its Wonders*，中譯本福智之聲出版），領會到死後還存在的生命本質。晤談時也觸及他心中的創痛，得到許多紓解。有一次我問他：「你在家裡不快樂，到學校就會變得快樂嗎？」他說：「當然不快樂。」我又問：「你在人世間不快樂的想法，到了死亡的世界，消極的想法會改變嗎？就會變得快樂嗎？」他望著我搖搖頭，沉思了一下說：「現在我想學習珍愛人生，因為我並非一無所有，事實上還有許多小福和發展的機會。」

這位年輕人終於改變人生態度，回到學校完成高中學業。接著他先就業，經過一段磨練之後，他考上大學，以半工半讀的方式讀完大學，開始他的職業生涯。有一次，他回來晤談時說：「我已經明白，真正的問題不是困難紛至沓來，而是我把它歸咎於他人或命運，陷入憤怒和悲痛，令我身心俱疲。現在，我珍惜手上所有的，依我的現實安排生活，雖然辛苦，但也有許多小福。」

珍愛生命要從了解自己、珍愛自己開始。人不可能用自己所沒有的東西生活，當你發現自己並非一無所有時，就萌發了活下去和活得有生趣的意志。

56 把握今生仰望永生

用愛與智慧生活，在往生之際，就能超越自我進入大我。
心懷這種願景，才能發展充實圓滿的人生。

生命是有限的，但是慧命是永生的。我們在有形的世界中生活，增長愛與智慧，開展寬闊的胸襟、善良的德行、喜樂的態度，並從中仰望永生的存在。人生無非是把握當下，參悟永生。

人活在今生的現實，開展了愛與智慧，最後還要歸屬於祥和喜樂的世界。因此，我們要從生活之中，找到死亡的意義和價值；也要從洞知死亡的真理中，學習怎麼生活。生與死是生命的兩面，我們既需從生命中，發展幸福、善良和喜樂，也必須在有生之年找到真正歸依處。

生命的過程，必然從現實的存在，延伸到死後的存在。人只有如此才不會落空，不會絕望。這個現實的人生，如果不歸屬於永恆的精神世界，就會感到漂泊和空虛。反之，如果只是一味追尋永生的一面，而忽略現實生活，現實的生命就會被忽略和踐踏，甚至帶來痛苦。

最近對死亡這個課題，有較多科學的研究。這些訪談瀕死經驗者的研究發現，死亡之後還有來生的存在，有著解脫和喜樂之感，使人想要留在那個情境之中。但在回陽之後，卻對自己能返回塵世，起了積極的作用。每一個人都相信自己在死亡經驗中，接觸到至高無上、充滿慈愛的力量。這使經歷瀕死經驗的人，在回陽之後，相信生命的可貴，洞悉不該故意結束生命，來擾亂自然和愛的秩序。

雷蒙・穆迪醫師的研究，更指出具有瀕死經驗的人，有三分之一會接觸到光體。祂散放著溫暖和愛，並在交會中，幫助個人回顧自己的一生，其焦點都集中在「你是否用愛生活」、「是否用智慧去面對人生」。這些人回陽後，在其有生之年，生活有了極大的改變。他們發展出愛的生活態度，願意去愛他人和自己，同時也開啟了智慧，有更好的洞識，看出人生的意義、喜樂和價值。

從諸多研究中也發現，自殺是違反生命之道的。自殺瀕死經驗的人，見不到光體，也感受不到喜樂，甚至殘留著痛苦。心理學家甘尼斯・林這麼說：「瀕死經驗的知識，讓我們認識用愛與智慧生活，在往生之際，超越自我進入大我。心懷這種願景，才能發展充實圓滿的人生。」此外，瑞士日內瓦大學的愛芙琳・艾爾塞瑟—瓦拉利諾（Evelyn Elsaesser-Valarino）把死亡學研究論述加以整理，用以訪問神經學家、物理學家、心理學家及宗教家。他們對心靈永恆存在的課題，大抵得到一致的看法：它是存在的。

人在現實生活中，所表現的愛與智慧的品質，正是永生慧命的本身。這麼說來，我們珍惜人生，開展愛與智慧，正是我們仰望美好永生的具體行動。宗教教育的核心課題，應該建立在這上頭才對。

大千世界的生活禪師

繁華俗世中的芸芸眾生，在七情六欲之中輪迴不已。這之間有苦有樂、有平靜有顛沛，如何面對？端賴自己。在西方，有思辨的心理學，解讀人生種種；在東方，一個古老的智慧——禪學，在生活的傳承之中，逐漸圓熟；靠著「它」，滌清了人們的煩憂。

鄭石岩教授自幼研習佛法，參修佛學多年，並對心理學與教育學有深入的研究；因此在書中，他結合了東西方的心靈學問，期望引導生活在熙攘的現代臺灣社會的人們，學習開朗、自在的生活哲學。

A3A11《參禪・改造心情》
——參透二十八則 法喜八萬四千

A3A12《禪・生命的微笑》
——以禪法實現自我，做生活的主人

A3A13《無常・有效面對生活》
——涵養禪定智慧，開展亮麗人生

A3A14《優游任運過生活》
——優游的生活態度，任運的生活智慧

A3A15《禪・心的效能訓練》
——汲取禪修智慧，提升自我效能

A3A16 《清心與自在》
——佛法的心理學分析與應用

A3A17 《生活軟實力》
——及時為幸福扎根

A3A18 《活出自己的如來》
——作歡喜生活的主人

啟發孩子成長的親師角色

愛是生命世界的活水源頭，生命因愛而孕育成長，精神生活因愛而豐富悅樂；在教育的園地裡，沒有任何養份比愛更重要。但對成長中的孩子而言，光有「愛」沒有「教」，仍難培育出健全發展的身心。只有當愛化成對孩子的啟發與誘導的力量，才能引導孩子走向光明成功的未來。

鄭石岩教授以其教學經驗與心理諮商的觀察為我們指出，正確的教導原則，就是傳遞愛的最佳途徑；教導錯誤，則會引致愛之適以害之的遺憾。身為孩子學習對象的父母及師長，應注重身教的影響力，以自治、自制和啟發的教育愛，培養孩子的豪氣，孩子自然能在成長的過程中揮灑出亮麗的色彩。

A3A21《教導孩子成材》
——打造學習型家庭，做孩子的領航人

A3A22《發揮創意教孩子》
——培養主動學習、樂觀上進的教導新點子

A3A23《親子共成長》
——培養孩子心智，開啟天賦潛能

A3A24《身教》
——涓涓身教，善盡親職

A3A25《教師的大愛》
——發揮有能力的愛，做學子們的貴人

A3A26《父母之愛》
——化愛為有效的家庭教育能力

A3A27《覺・教導的智慧》
——清楚的覺察，成功的教導

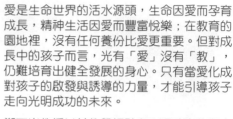

生命的美好就在轉念之間

人生就像一幅畫，由一筆筆的彩料勾勒；每個人都用自己一片片的生活經驗，圖繪出動人的畫作。但是我們處在自由開放的社會，引誘多、意見多、看法紛雜，如果沒有清醒的心，很容易就受流行的浪潮席捲，被拖進迷惘困惑的漩渦，迷失了自己。

多采多姿的人生不會憑空出現，所以每個人都要涵養自己的精神能量。透過親情友愛、美的欣賞、清醒的領悟，修鍊孕育精神力，必能在工作和生活上有良好的行動和表現！而且在各個生命階段，都可能遭遇到不同的困擾，學會有效的處理，事態就不會擴大，減少遺憾；及早防範，那更是未雨綢繆，也是成功人生的入場證。

A3A31《行動使人生改觀》
——想得正確做得對，生命豐富又有味

A3A32《隨緣成長》
——把握經驗學習，創造悅樂人生

A3A33《開心的生活》
——打開心窗，看亮麗人生

A3A34《安度難關》
——走出低迷的谷底，登上亮麗的高峰

A3A35《妙喻扭轉人生》
——隱喻啟發易開悟，撥雲見日展新機

A3A36《人生路這麼走》
——用創意的彩料，圖繪絢爛的人生

正向的生活智慧

融合心理學、教育學與禪學於日常生活應用的倡言人鄭石岩，把佛學中《唯識論》的精神與西方的心理學結合，發展成一門心性修養和提升生活效能的學問；更進一步用在教育和輔導工作上，成為新的諮商輔導技巧。這樣的東方與西方融合，傳統與現代的聯璧，構成唯識派心理學，可說是一種創造或心理學發展的新猷。

這六本著作所涉及的範圍，包含子女教育、青少年的輔導、生活及工作、婚姻，人際關係、心理健康和生命的意義。每一本書都有豐富生動的故事，能帶引讀者，親嚐生活與工作中的智慧清泉。

A3A41《換個想法更好》
——把握變動調適，開拓成功人生

A3A42《尋找著力點》
——生活之妙，功在奏效

A3A43《勝任自己》
——培養心力，沃壯人生

A3A44《精神體操》
——走出困境，迎向希望

A3A45《過好每一天》
——拒絕煩惱，擁抱生活

A3A46《生命轉彎處》
——轉逆成順，化苦為樂